BIBLIOTHÈQUE DES DAMES

LA VIE
DE
MARIANNE

TOME TROISIÈME

PARIS
LIBRAIRIE DES BIBLIOPHILES
Rue Saint-Honoré, 338

M DCCC LXXXII

BIBLIOTHÈQUE DES DAMES

V

LA VIE DE MARIANNE

LA VIE

DE

MARIANNE

PAR MARIVAUX

PRÉCÉDÉE D'UNE NOTICE

PAR

M. DE LESCURE

TOME TROISIÈME

PARIS

LIBRAIRIE DES BIBLIOPHILES

Rue Saint-Honoré, 338

—

M DCCC LXXII

LA VIE
DE
MARIANNE

NEUVIÈME PARTIE

Il y a si longtemps, Madame, que vous attendez cette suite de ma vie que j'entrerai d'abord en matière ; point de préambule, je vous l'épargne. « Pas tout à fait, me direz-vous, puisque vous en faites un, même en disant que vous n'en ferez point. » Eh bien ! je ne dis plus mot.

Vous vous souvenez, quoique ce soit du plus loin qu'il vous souvienne, que c'est la religieuse qui parle.

« Vous croyez, ma chère Marianne, être née la personne du monde la plus malheureuse, et je voudrois bien vous ôter cette pensée, qui est encore un autre malheur qu'on se fait à soi-même ; non pas que vos infortunes n'aient été très grandes assurément, mais il y en a de tant de sortes que vous ne connoissez pas, ma fille ! Du moins une partie de ce qui vous est arrivé s'est-il passé dans votre enfance : quand vous étiez le plus à plaindre, vous ne le saviez pas ; vous n'avez jamais joui de ce que vous avez perdu, et l'on peut dire que vous avez plus appris vos pertes que vous ne les avez senties. J'ignore à qui je dois le jour, dites-vous ; je n'ai point de parens, et les autres en ont : j'en conviens ; mais, comme vous n'avez jamais goûté la douceur qu'il y a à en avoir, tâchez de vous dire : « Les autres ont un avantage qui me manque », et ne vous dites point : « J'ai une affliction de plus qu'eux ». Songez d'ailleurs aux motifs de consolation que vous avez : un caractère excellent, un esprit raisonnable et une âme vertueuse valent bien des parens, Marianne ; et voilà ce que n'ont pas une infinité de personnes de votre sexe dont vous enviez le sort, et qui seroient bien mieux fondées à envier le vôtre. Voilà votre partage, avec une figure aimable qui vous gagne tous les cœurs, et qui vous a déjà trouvé une mère pour le moins aussi tendre que l'eût été celle que vous aviez perdue ; et puis, quand vous auriez vos parens, que savez-vous si vous en seriez plus heureuse? Hélas! ma chère enfant, il n'y a point de condition qui mette à l'abri du malheur, ou qui ne puisse lui servir de matière! Pour être le jouet des événemens les plus terribles, il n'est seulement question que d'être au monde; je n'ai point été orpheline comme vous : en ai-je été mieux que vous? Vous verrez que non dans le récit que je vous ferai de ma vie, si vous voulez, et que j'abrégerai le plus qu'il me sera possible.

— Non pas, lui dis-je, n'abrégez rien, je vous en conjure, je vous demande jusqu'au moindre détail; plus je passerai de momens à vous écouter, plus vous m'épargnerez de réflexions sur tout ce qui m'afflige; et, s'il est vrai que vous n'ayez pas été plus heureuse que moi, vous qui méritiez de l'être plus qu'une autre, j'aurai assez de raison pour ne plus me plaindre.

— Dès que mon récit peut servir à vous distraire de vos chagrins, me répondit-elle, je n'hésiterai point à lui donner toute son étendue, et je vous promets d'avance qu'il sera long.

Avant que j'en vienne à ce qui me regarde, il faut que je vous dise un mot du mariage de mon père et de ma mère, puisque c'est la manière dont il se fit qui vraisemblablement a décidé de mon sort.

Je suis la fille d'un gentilhomme d'ancienne race très distinguée dans le pays, mais peu connue dans le monde; son père, quoique assez riche, étoit un de ces gentilshommes de province qui vivent à la campagne et n'ont jamais quitté leur château.

M. de Tervire (c'étoit son nom) avoit deux fils : c'est à l'aîné à qui je dois le jour.

Mlle de Tresle (c'est ainsi que s'appeloit ma mère), d'aussi bonne maison que lui, et qui étoit pensionnaire d'un couvent où elle avoit été élevée, en sortit à l'âge de dix-neuf à vingt ans pour assister au mariage d'un de ses parens, et ce fut en cette occasion que mon père, jeune homme de vingt-six à vingt-sept ans, la vit et se donna pour jamais à elle.

Il n'en fut pas rebuté ; elle se sentit à son tour beaucoup de penchant pour lui ; mais Mme de Tresle, qui étoit veuve, crut devoir s'opposer à cette inclination réciproque. Il y avoit peu de bien dans sa maison ; ma mère étoit la dernière de cinq enfans, c'est-à-dire de deux garçons et de trois filles. Les deux premiers étoient au service, ses revenus suffisoient à peine pour les y soutenir, et il n'y avoit pas d'apparence qu'on permît à Tervire, qui étoit un assez riche héritier, d'épouser une cadette sans fortune, et qui, pour toute dot, n'avoit presque qu'une égalité de condition à lui apporter en mariage.

M. de Tervire le père ne consentiroit pas à une pareille alliance ; il n'étoit pas raisonnable de l'espérer, ni de laisser continuer un amour inutile, et par conséquent indécent.

Voilà ce que Mme de Tresle disoit à Tervire le fils; mais il combattit avec tant de force les difficultés qu'elle alléguoit, lui dit que son père l'aimoit tant, qu'il étoit si sûr de le gagner; il passoit d'ailleurs pour un jeune homme si plein d'honneur, qu'à la fin elle se rendit, et souffrit que ces amans, qui ne demeuroient qu'à une lieue l'un de l'autre, se vissent.

Six semaines après, Tervire parla à son père, le supplia d'agréer un mariage dont dépendoit tout le bonheur de sa vie.

Son père, qui avoit d'autres vues, qui aimoit tendrement ce fils, et qui, sans lui en rien dire, lui avoit trouvé depuis quelques jours un très bon parti, se moqua de sa prière, traita sa passion d'amourette frivole, de fantaisie de jeunesse, et voulut sur-le-champ l'emmener chez celle qu'il lui avoit destinée.

Son fils, qui croyoit que cette démarche auroit été une espèce d'engagement, n'eut garde de s'y prêter. Son père ne parut point offensé de ce refus; c'étoit un de ces hommes froids et tranquilles, mais qui ont l'esprit entier.

« Je ne vous forcerai jamais à aucun mariage, mais je ne vous permettrai point celui dont vous me parlez, lui dit-il; vous n'avez point assez de bien pour vous charger d'une femme qui n'en a point; et si, malgré ce que je vous dis là, Mlle de Tresle devient la vôtre, je vous avertis que vous vous en repentirez. »

Ce fut là tout ce qu'il put tirer de son père, qui dans la suite ne lui en dit pas davantage, et qui continua de vivre avec lui comme à l'ordinaire.

Mme de Tresle, à qui il ne rendit cette réponse que le plus tard qu'il put, défendit à sa fille de revoir Tervire, et se préparoit à la renvoyer dans son couvent, quand cet amant, désespéré de songer qu'il ne la verroit plus, proposa de l'épouser en secret, et de ne déclarer son mariage qu'après la mort de son père, ou qu'après l'avoir disposé lui-même à ne s'y opposer plus. Mme de Tresle s'offensa de la proposition, et n'y vit qu'une raison de plus d'éloigner sa fille.

Dans cette occurrence, ses deux fils revinrent de l'armée ; ils apprirent ce qui se passoit ; ils connoissoient Tervire, ils l'estimoient; ils aimoient leur sœur, ils la voyoient affligée. A leur avis, il n'étoit question que de se taire, quand elle seroit mariée; M. de Tervire le père pouvoit être gagné; il étoit d'ailleurs infirme et très âgé. Au pis aller, le caractère du fils ne laissoit rien à craindre pour leur sœur, et sur tout cela ils appuyèrent les instances de leur ami d'une manière si pressante, ils importunèrent tant Mme de Tresle, qu'elle leur abandonna le sort de sa fille, et son amant l'épousa.

Seize ou dix-sept mois après, M. de Tervire le père soupçonna ce mariage sur bien des choses qu'il est inutile de vous dire; et, pour savoir à quoi s'en tenir, il n'y sut que s'adresser à son fils, qui n'osa lui avouer la vérité, mais qui ne la nia pas non plus avec cette assurance qu'on a quand on dit vrai.

« Voilà qui est bien, lui répondit le père ; je souhaite qu'il n'en soit rien ; mais, si vous me trompez, vous savez ce que je vous ai dit là-dessus, et je vous tiendrai parole.

« Le bruit court que Tervire est marié avec votre cadette, dit-il à Mme de Tresle qu'il rencontra le lendemain, et supposons que cela soit, je n'en serois pas fâché si j'étois plus riche ; mais ce que je puis lui laisser ne suffiroit plus pour soutenir son nom, et il faudroit prendre d'autres mesures. »

L'air déconcerté qu'elle avoit en l'écoutant acheva sans doute de lui confirmer ce mariage, et il la quitta sans attendre de réponse.

Dans le temps qu'il tenoit ces discours, et qu'avec la froideur dont je vous parle il menaçoit mon père d'un ressentiment qui n'eut que trop de suites, ma mère n'attendoit que l'instant de me mettre au monde. Vous voyez à présent, Marianne, pourquoi j'ai fait remonter mon histoire jusqu'à la leur ; c'étoit pour vous montrer que mes malheurs se préparoient avant que je visse le jour, et qu'ils ont, pour ainsi dire, devancé ma naissance.

Il n'y avoit que quatre mois que ceci s'étoit passé, et je n'en avois encore que trois et demi, quand M. de Tervire le père, dont la santé depuis quelque temps étoit considérablement altérée, et qui sortoit rarement de chez lui, voulut, pour dissiper une langueur qu'il sentoit, aller dîner chez un gentilhomme de ses amis qui l'avoit invité, et qui ne demeuroit qu'à deux lieues de son château.

Il étoit à cheval, suivi de deux valets; à peine avoit-il fait une lieue qu'un étourdissement qui lui prit, et auquel il étoit sujet, le força de mettre pied à terre, et de s'arrêter un instant près de la maison d'un paysan dont la femme étoit ma nourrice.

M. de Tervire, qui connoissoit cet homme et qui entra chez lui pour s'asseoir, vit qu'il tâchoit de faire avaler un peu de lait à un enfant qui paroissoit fort foible, qui avoit l'air pâle et comme mourant. Cet enfant, c'étoit moi.

« Ce que vous lui donnez là ne lui vaut rien, dit M. de Tervire surpris de son action; dans l'état de foiblesse où il est, c'est sa nourrice dont il a besoin; est-ce qu'elle n'y est pas? — Vous m'excuserez, lui dit le paysan; la voilà, c'est ma femme; mais elle est, comme vous voyez, au lit avec une grosse fièvre, qui l'a empêchée de nourrir l'enfant depuis hier au soir que nous lui avons cherché une nourrice, et voici même mon fils qui a été de grand matin avertir le père et la mère d'en amener une; cependant personne ne vient, la petite fille est fort mal, et je tâche, en attendant, de la soutenir le mieux que je puis; mais il n'y aura pas moyen de la sauver si on la laisse languir plus longtemps.

— Vous avez raison, le danger est pressant, dit M. de Tervire ; est-ce qu'il n'y auroit point de femme aux environs qu'on puisse faire venir ? Elle me fait une vraie pitié. — Elle vous en feroit encore bien davantage si vous saviez qui elle est, Monsieur, lui dit de son lit ma nourrice. — Eh ! à qui appartient-elle donc ? lui répondit-il avec quelque surprise. — Hélas ! Monsieur, reprit le paysan, je n'ai pas osé vous l'apprendre d'abord, de peur de vous fâcher : car je sais bien que ce n'est pas de votre gré que votre fils s'est marié ; mais, puisque ma femme s'est tant avancée, il vaut autant vous dire que c'est la fille de M. de Tervire. »

Le père, à ce discours, fut un instant sans répondre, et puis, en me regardant d'un air pensif et attendri : « La pauvre enfant ! dit-il, ce n'est pas elle qui a tort avec moi. » Et aussitôt il appela un de ses gens. « Hâtez-vous, lui dit-il, de retourner au château ; je me ressouviens que la femme de mon jardinier perdit avant-hier son fils qui n'avoit que cinq mois, et qu'elle le nourrissoit ; dites-lui de ma part qu'elle vienne sur-le-champ prendre cet enfant-ci et que c'est moi qui la payerai. Courez vite, et recommandez-lui qu'elle se hâte. »

L'étourdissement qui l'avoit pris s'étoit alors entièrement passé ; il me fit, dit-on, quelques caresses, remonta à cheval, et poursuivit son chemin.

Il n'étoit pas encore à cent pas de la maison que

son fils arriva avec une nourrice qu'il n'avoit pu trouver plus tôt. Le paysan lui conta ce qui venoit de se passer, et le fils, pénétré de la bonté d'un père si tendre, quoique offensé, remonta à son tour à cheval, et courut à toute bride pour aller lui en marquer sa reconnoissance.

M. de Tervire, qui le vit venir, et qui se doutoit bien de quoi il étoit question, s'arrêta; son fils, après avoir mis pied à terre à quelques pas de lui, vint se jeter à ses genoux les larmes aux yeux, et sans pouvoir prononcer un mot.

« Je sais ce qui vous amène, lui dit M. de Tervire ému lui-même de l'action de son fils. Votre fille a besoin de secours, je viens de lui en envoyer chercher. S'il arrive assez tôt pour elle, je ne laisserai point imparfait le service que j'ai voulu lui rendre, et je ne lui aurai point sauvé la vie pour l'exposer à ne pas vivre heureuse. Allez, Tervire; votre fille vient tout à l'heure de devenir la mienne, qu'on la porte chez moi; menez-y votre femme, faites-vous dès aujourd'hui donner au château l'appartement qu'occupoit votre mère, et que je vous y trouve logés tous deux quand je reviendrai ce soir. Si Mme de Tresle veut bien venir souper avec moi, elle me fera plaisir; il me tarde d'être déjà de retour pour changer des dispositions qui ne vous étoient pas favorables. Adieu, je reviendrai de bonne heure; rejoignez votre fille, et prenez-en soin. »

Mon père, qui étoit toujours resté à ses genoux,

et à qui son attendrissement et sa joie ôtoient la force de parler, ne put encore le remercier ici qu'en baignant de ses larmes une main qu'il lui avoit tendue, et qu'en élevant les siennes quand il le vit s'éloigner.

Il revint à moi, qu'on avoit mise entre les mains de la nourrice qu'il avoit amenée, nous conduisit toutes deux au château où la jardinière qui alloit partir me prit, nous quitta ensuite pour informer sa femme et sa belle-mère d'un événement si consolant, les amena toutes deux chez son père, au-devant de qui son impatience le fit aller sur la fin du jour, et à la place duquel il ne trouva qu'un valet qu'on lui dépêchoit pour le faire venir et pour l'avertir que M. de Tervire étoit subitement tombé dans une si grande défaillance qu'il ne parloit plus, et où enfin il expira avant que son fils fût arrivé. Quel coup de foudre pour mon père et pour ma mère ! et quelle différence de sort pour moi !

Il avoit fait un testament qu'on trouva parmi ses papiers, et dans lequel il laissoit tout le bien à son second fils et réduisoit mon père à une simple légitime ; voilà ce que c'étoit que ces dispositions qu'il avoit eu dessein de changer, et au moyen desquelles mon père se vit à peine de quoi vivre.

Il n'avoit rien à espérer de ce cadet qu'on mettoit à sa place : c'étoit un de ces hommes ordinaires, qui sont incapables de s'élever à rien de généreux, qui ne sont ni bons ni méchans ; de ces petites âmes qui ne vous font jamais d'autre justice que celle que les lois vous accordent, qui se font un devoir de ne vous rien laisser quand elles ont droit de vous dépouiller de tout, et qui, si elles vous voient faire une action généreuse, la regardent comme une étourderie dont elles s'applaudissent de n'être pas capables, et vous diroient volontiers : « J'aime mieux que vous la fassiez que moi. »

Voilà à quel homme mon père avoit affaire ; de sorte qu'il fallut s'en tenir à sa légitime qui étoit très peu de chose, à ce que lui avoit apporté ma mère qui n'étoit presque rien, et le tout sans ressource du côté de sa belle-mère qui n'avoit qu'un bien médiocre, qui depuis un an s'étoit épuisée pour marier son fils aîné, et qui étoit encore chargée de trois enfans avec qui elle ne subsistoit que par une extrême économie.

Ainsi, vous voyez bien, Marianne, que jusqu'ici je n'en étois guère plus avancée d'avoir un père et une mère. Le premier ne vécut pas longtemps. Un jeune gentilhomme de son âge qui alloit à Paris, d'où il devoit joindre son régiment, l'emmena avec lui et en fit un officier de sa compagnie.

C'est ici où finit son histoire, aussi bien que sa vie, qu'il perdit dès sa première campagne.

Il me reste encore une mère, j'ai encore une famille et des parens, et vous allez savoir à quoi ils me serviront.

Ma mère est donc veuve. Je ne sais si je vous ai dit qu'elle étoit belle, et, ce qui vaut encore mieux, que c'étoit une des plus aimables femmes de la province; si aimable que, malgré son peu de fortune et l'enfant dont elle étoit chargée (je parle de moi), il n'avoit tenu qu'à elle de se remarier, et même assez avantageusement. Mais mon père alors lui étoit encore trop cher; elle en gardoit un ressouvenir trop tendre, et elle n'avoit pu se résoudre à vivre pour un autre.

Cependant un grand seigneur de la cour, qui avoit une terre considérable dans notre voisinage, vint y passer quelque temps; il vit ma mère, il l'aima. C'étoit un homme de quarante ans, de très bonne mine; et cet amant, bien plus distingué que tous ceux qui s'étoient présentés, et dont l'amour avoit quelque chose de bien plus flatteur, commença d'abord par amuser sa vanité, la fit ressouvenir qu'elle étoit belle, et finit insensiblement par lui faire oublier son premier mari et par obtenir son cœur.

Il lui offrit sa main, et elle l'épousa; je n'avois encore qu'un an et demi tout au plus.

Voilà donc la situation de ma mère bien changée; la voilà devenue une des plus grandes dames du royaume, mais aussi la voilà perdue pour moi. Trois semaines après son mariage, je n'eus plus de mère; les honneurs et le faste qui l'environnoient me dérobèrent sa tendresse, ne laissèrent plus de place pour moi dans son cœur. Cette petite fille auparavant si chérie, qui lui représentoit mon père à qui je ressemblois; cette enfant qui lui adoucissoit l'idée de sa mort, qui quelquefois, disoit-elle, le rendoit comme présent à ses yeux, et lui aidoit à se faire accroire qu'il vivoit encore (car c'étoit là ce qu'elle avoit dit cent fois); cette enfant ne fut presque pas moins oubliée qu'il l'étoit lui-même, et devint à peu près comme une orpheline.

Une grossesse vint encore me nuire, et acheva de distraire ma mère de l'attention qu'elle me devoit.

Elle m'abandonna aux soins de la concierge du château; il se passoit des quinze jours entiers sans qu'elle me vît, sans qu'elle demandât de mes nouvelles; et vous pensez bien que mon beau-père ne songeoit pas à la tirer de son indifférence à cet égard.

Je vous parle de mon enfance parce que vous m'avez conté la vôtre.

Cette concierge avoit de petites filles à peu près de mon âge, à qui elle partageoit, ou plutôt à qui elle donnoit ce qu'elle demandoit pour moi au château; et, comme elle se voyoit là-dessus à sa discrétion, qu'on ne veilloit point sur sa conduite, il lui auroit fallu des sentimens bien nobles et bien au-dessus de son état pour me traiter aussi bien que ses enfans, et pour ne pas abuser en leur faveur du peu de souci qu'on avoit de moi.

Mme de Tresle (je parle de ma grand'mère), qui ne demeuroit qu'à trois lieues de nous, et qui ne se doutoit pas que cette chère enfant, que cette petite de Tervire fût si délaissée ; qui, quelque temps auparavant, m'avoit vue les délices de sa fille, et qui m'aimoit en véritable grand'mère, vint un jour pour dîner avec M. le marquis de..., son gendre ; il y avoit deux mois qu'elle n'étoit venue.

Quand elle arriva, j'étois à l'entrée de la cour du château, assise à terre, où l'on m'avoit mise en fort mauvais ordre.

Au linge que je portois, à ma chaussure, au reste de mes vêtemens délabrés et peut-être changés, il étoit difficile de me reconnoître pour la fille de la marquise.

Aussi Mme de Tresle ne jeta-t-elle qu'un regard indifférent sur moi ; et, voyant à quelques pas de là une autre petite fille mieux habillée et plus soignée, qu'on avoit assise dans une de ces chaises basses qui servent aux enfans : « C'est donc là Mlle de Tervire ? dit-elle à une servante de la concierge qui étoit près de nous. — Non, Madame, lui répondit cette fille ; la voilà qui se porte bien », ajouta-t-elle en me montrant.

Et, en effet, toute mal arrangée que j'étois, avec un bonnet déchiré et des cheveux épars, j'avois l'air du monde le plus frais et le plus sain ; mais aussi je n'étois parée que de ma santé, elle faisoit toutes mes grâces.

« Quoi ! c'est là ma fille ? c'est dans cet état-là qu'on la laisse ? s'écria Mme de Tresle avec une tendresse indignée de l'abandon où elle me voyoit. Allons, venez, qu'on me suive tout à l'heure ;

prenez cette enfant dans vos bras, et montez avec moi au château. »

Il fallut que la servante obéît et me portât jusqu'à l'appartement de ma mère, que ses femmes alloient coiffer quand nous entrâmes.

« Ma fille, lui dit en entrant Mme de Tresle, on veut me persuader que cette enfant-ci est Mlle de Tervire, et cela ne sauroit être : on ne ramasseroit pas les hardes qu'elle a ; et ce n'est, sans doute, que quelque misérable orpheline que la femme de votre concierge a retirée par charité, n'est-ce pas ? »

Ma mère rougit ; cette façon de lui reprocher sa conduite à mon égard avoit quelque chose de si vif, c'étoit lui reprocher avec tant de force qu'elle me traitoit en marâtre et qu'elle manquoit d'entrailles, que l'apostrophe la déconcerta d'abord, et puis la fâcha.

« Il y a trois jours, dit-elle, que je suis indisposée et que je ne vois rien de ce qui se passe. Retirez-vous, et que cette impertinente de concierge vienne me parler tantôt », ajouta-t-elle à cette servante d'un ton qui marquoit plus de colère contre moi que contre celle qu'elle appeloit impertinente.

Mme de Tresle, à qui mon attirail tenoit au cœur, ne fut pas plus tôt tête à tête avec elle qu'elle lui témoigna sans ménagement toute la pitié que je lui faisois ; elle ne lui parla plus qu'avec larmes de l'état où elle me trouvoit, et qu'avec effroi de celui où elle prévoyoit que je tomberois infailliblement dans les suites.

Ma grand'mère étoit naturellement vive; il n'y avoit point de femme qui fût plus au fait de la matière dont il étoit question, ni qui pût la traiter de meilleure foi, ni avec plus d'abondance de sentiment qu'elle.

C'étoit de ces mères de famille qui n'ont de plaisir et d'occupation que leurs devoirs, qui les respectent, qui mettent leur propre dignité à les remplir, qui en aiment la fatigue et l'austérité, et qui, dans leur maison, ne se délassent d'un soin que par un autre; jugez si, avec ce caractère-là, elle devoit être contente de ma mère.

Je ne sais comment elle s'expliqua; mais rarement on sert bien ceux qu'on aime trop; elle s'emporta peut-être, et les reproches durs ne réussissent point : ce sont des affronts qui ne corrigent personne, et nos torts disparoissent dès qu'on nous offense. Aussi ma mère trouva-t-elle Mme de Tresle fort injuste. Il est vrai que je n'aurois pas dû être si mal habillée; mais c'est que la concierge, qui étoit ma gouvernante, avoit différé ce matin-là de m'ajuster comme à l'ordinaire; et il n'y avoit pas là de quoi faire tant de bruit.

Quoi qu'il en soit, Mme de Tresle, qui depuis raconta ce fait-là à plusieurs personnes de qui je le tiens, s'aperçut bien qu'elle m'avoit nui, et que ma mère nous en vouloit, à elle et à moi, de ce qui s'étoit passé.

Trois semaines après, le marquis, qui avoit dessein d'emmener sa femme à Paris avant que sa grossesse fût plus avancée, reçut des nouvelles qui hâtèrent son voyage; et comme, dans un départ si brusque, ma mère n'avoit pas eu le temps de s'arranger, qu'elle n'emmenoit qu'une de ses femmes avec elle, il avoit été conclu que, trois jours après, je viendrois plus à l'aise et dans un bon équipage avec ses autres femmes, et il n'y avoit rien à redire à cela.

Mme de Tresle, à qui on avoit promis de me porter chez elle la veille de notre départ, et qui vit qu'on n'en avoit rien fait, alloit envoyer au château pour savoir ce qui avoit empêché qu'on ne lui eût tenu parole, quand on lui annonça la concierge, qui lui dit que j'étois restée, que les femmes de ma mère m'avoient trouvée si malade qu'elles n'avoient pas osé me mettre en voyage et m'avoient laissée chez elle, conformément aux ordres de madame la marquise, qui avoit expressément défendu qu'on risquât de me faire partir, au cas de quelque indisposition, et que j'étois actuellement au lit avec un grand rhume et une toux très violente.

« Et c'est à vous à qui on l'a confiée? » répondit Mme de Tresle, qui lui tourna le dos, et qui dès le soir même me fit transporter chez elle, où j'arrivai parfaitement guérie de ce rhume et de cette toux qu'on avoit allégués, et que ma mère avoit, dit-on, imaginés pour n'avoir pas l'embarras

de me mener avec elle, bien persuadée d'ailleurs
que Mme de Tresle ne souffriroit pas que je fisse
un long séjour chez la concierge, et ne manqueroit pas de m'en retirer. Aussi cette dame lui en
écrivit-elle dans ce sens-là de la manière du monde
la plus vive.

« Vous avez tant aimé M. de Tervire, vous
l'avez tant pleuré, lui disoit-elle, et vous l'ou-
tragez aujourd'hui dans le seul gage qui vous
reste de son amour! Il ne vous a laissé qu'une
fille, et vous refusez d'être sa mère! C'est à présent par ma tendresse que vous vous délivrez
d'elle; quand je n'y serai plus, vous voudrez vous
en délivrer par la pitié des autres. »

Ma mère, qui étoit parvenue à ses fins, souffrit
patiemment l'injure qu'on faisoit à son cœur,
se contenta de nier qu'elle eût eu le moindre dessein de me tenir loin d'elle, envoya du linge pour
moi avec des étoffes pour m'habiller, et assura
Mme de Tresle qu'elle me feroit venir à Paris dès
qu'elle seroit accouchée.

Mais elle ne s'y engageoit apparemment que
pour gagner du temps; du moins après ses cou-
ches ne fut-il plus mention de sa promesse, qu'elle
éluda dans ses lettres, par se plaindre d'une santé
toujours infirme qui lui étoit restée, qui la retenoit le plus souvent au lit, et qui la rendoit
incapable de la plus légère attention à tous égards.

« Je n'ai pas la force de penser », disoit-elle;
et vous jugez bien que, dans cet état-là, avec une

tête aussi foible qu'elle disoit l'avoir, il n'y avoit pas moyen de lui proposer la fatigue de me voir auprès d'elle; mais heureusement le cœur de Mme de Tresle s'échauffoit pour moi à mesure que celui de ma mère m'abandonnoit.

Elle acheva si bien de m'oublier qu'elle n'écrivit plus que rarement, qu'elle cessa même de parler de moi dans ses lettres, qu'à la fin elle ne donna plus de ses nouvelles, qu'elle ne m'envoya plus rien, et qu'au bout de deux ans et demi il ne fut pas plus question de moi dans sa mémoire que si je n'avois jamais été au monde.

De sorte que je n'y étois plus que pour Mme de Tresle; son cœur étoit la seule fortune qui me restât. Indifférente aux parens que j'avois dans le pays, inconnue à ceux que j'avois dans d'autres provinces, incommode à mes deux tantes, avec qui je demeurois (j'entends les deux filles de Mme de Tresle), et même haïe d'elles, en conséquence des attentions que leur mère avoit pour moi; vous sentez qu'en de pareilles circonstances, et dans ce petit coin de campagne où j'étois comme enterrée, ma vie ne devoit intéresser personne.

Ce fut ainsi que je passai mon enfance, dont je ne vous dirai plus rien, et que j'arrivai jusqu'à l'âge de douze ans et quelques mois.

Dans l'intervalle, ces tantes dont je viens de parler, quoique assez laides, et toutes deux les sujets du monde les plus minces du côté de l'esprit et du caractère, trouvèrent cependant deux gentilshommes des environs, qui étoient en hommes ce qu'elles étoient en femmes, qui avoient de quoi vivre tantôt bien, tantôt mal, et qui les épousèrent avec ce qu'on appeloit leur légitime, qui consistoit en quelques parts de vignes, de prés et d'autres terres; de sorte que je restai seule dans la maison avec Mme de Tresle, dont le fils aîné demeuroit à plus de quinze lieues de nous depuis qu'il étoit marié, et dont le cadet, attaché au jeune duc de..., son colonel, ne le quittoit point et ne revenoit presque jamais au pays.

Et, pendant tout ce temps-là, que disoit ma mère? Rien; nous n'entendions plus parler d'elle, ni elle de nous. Ce n'est pas que je ne demandasse quelquefois ce qu'elle faisoit, et si elle ne viendroit pas nous voir; mais, comme ces questions-là m'échappoient en passant, que je les faisois étourdiment et à la légère, Mme de Tresle n'y répondoit qu'un mot, dont je me contentois et qui ne me mettoit point au fait de ses dispositions pour moi.

Enfin arriva le temps qui me dévoila ce que l'on me cachoit. Mme de Tresle, qui étoit fort âgée, tomba malade, se rétablit un peu, et n'étoit plus que languissante; mais, six semaines après, elle eut une rechute qui l'emporta.

L'état où je la vis dans ce dernier accident me rendit sérieuse; j'en perdis mon étourderie, ma dissipation ordinaire, et cet esprit de petite fille que j'avois encore. En un mot, je m'inquiétai, je pensai, et ma première pensée fut de la tristesse et du chagrin.

Je pleurois quelquefois par des motifs confus d'inquiétude ; je voyois Mme de Tresle mal servie par les domestiques, qui la regardoient comme une femme morte. J'avois beau les presser d'agir, d'être attentifs ; ils ne m'écoutoient point ; ils ne se soucioient plus de moi, et je n'osois moi-même me révolter, ni faire valoir ma petite autorité comme auparavant ; ma confiance baissoit, je ne sais pourquoi.

Mes deux tantes venoient de temps en temps à la maison, et elles y dînoient sans me faire aucune amitié, sans prendre garde à mes pleurs, sans me consoler, et, si elles me parloient, c'étoit d'un ton distrait et sec.

Mme de Tresle même s'en apercevoit ; elle en étoit touchée, et les en reprenoit avec une douceur que je remarquois aussi, qui me contristoit, et qu'elle n'auroit pas eue autrefois. Il sembloit qu'elle voulût les gagner, qu'elle leur demandât grâce pour moi ; et tout cela me frappoit comme une chose de mauvais augure, comme une nouveauté qui me menaçoit de quelque disgrâce à venir, de quelque situation fâcheuse ; et, si je ne raisonnois pas là-dessus aussi distinctement que je vous le dis, du moins en prenois-je une certaine épouvante qui me rendoit muette, humble et timide. Vous savez bien qu'on a du sentiment avant que d'avoir de l'esprit, sans compter que Mme de

Tresle, quand ses filles étoient parties, m'éclairoit encore par ses manières.

Elle m'appeloit, me faisoit avancer, me prenoit les mains, me parloit avec une tendresse plus marquée que de coutume ; on eût dit qu'elle vouloit me rassurer, m'ôter mes alarmes et me tirer de cette humiliation d'esprit dans laquelle elle sentoit bien que j'étois tombée.

Quelques jours auparavant, il étoit venu une dame de ses voisines, son intime amie, à qui elle voulut parler en particulier. Il y avoit dans sa chambre un petit cabinet où je passai, et je ne sais par quelle curiosité tendre et inquiète je m'avisai d'écouter leur conversation.

« Cette enfant m'afflige, lui disoit Mme de Tresle ; ce ne seroit que pour elle que je souhaiterois de vivre encore quelque temps ; mais Dieu est le maître, il est le père des orphelins. Avez-vous eu la bonté, ajouta-t-elle, de parler à M. Villot ? (C'étoit un riche habitant du bourg voisin, qui avoit été plus de trente ans fermier de feu M. de Tervire, mon grand-père, que son maître avoit toujours estimé, et qui avoit gagné la meilleure partie de son bien à son office.)

— Oui, lui dit son amie, j'ai été chez lui ce matin ; il s'en alloit à la ville, où il a affaire pour un jour ou deux ; il se conformera à ce que vous lui demandez, et viendra vous en assurer à son retour : tranquillisez-vous. Mlle de Tervire n'est point orpheline comme vous le pensez ; espérez mieux de sa mère. Il est vrai qu'elle l'a négligée; mais elle ne la connoît point, et elle l'aimera dès qu'elle l'aura vue. »

Quelque bas qu'elles parlassent, je les entendis, et le terme d'*orpheline* m'avoit d'abord extrêmement surprise; que pouvoit-il signifier, puisque j'avois une mère, et que même on parloit d'elle? Mais ce qu'avoit répondu l'amie de Mme de Tresle me mit au fait, et m'apprit qu'apparemment cette mère que je ne connoissois pas ne se soucioit point de sa fille: ce furent là les premières nouvelles que j'eus de son indifférence pour moi, et j'en pleurai amèrement, j'en demeurai consternée, toute petite fille que j'étois encore.

Six jours après ce que je vous dis là, Mme de Tresle baissa tant qu'on fit partir un domestique pour avertir ses filles, qui la trouvèrent morte quand elles arrivèrent.

Le fils aîné, celui que j'ai dit qui demeuroit à quinze lieues de là, dans la terre de sa femme, étoit alors avec elle à Paris, où une affaire l'avoit obligé d'aller, et le cadet étoit dans je ne sais quelle province avec son régiment; ainsi, dans cette occurrence, il n'y eut que leurs sœurs de présentes, et je dépendis d'elles.

Elles restèrent quatre ou cinq jours à la maison, tant pour rendre les derniers devoirs à leur mère que pour mettre tout en ordre dans l'absence de leurs frères. Je crois qu'il y eut un inventaire; du moins des gens de justice y furent-ils appelés.

Mme de Tresle avoit fait un testament; il y avoit quelques petits legs à acquitter, et mes tantes prétendoient d'ailleurs avoir des reprises sur le bien.

Figurez-vous des discussions, des débats entre les sœurs, qui tantôt se querellent, et tantôt se réunissent contre un homme à qui leur frère aîné, informé de la maladie de sa mère, avoit envoyé sa procuration de Paris.

Imaginez-vous enfin tout ce que l'avarice et l'amour du butin peuvent exciter de criailleries et d'agitations indécentes entre des enfans qui n'ont point de sentiment, et à qui la mort de leur mère ne laisse, au lieu d'affliction, que de l'avidité pour sa dépouille : voilà l'image de ce qui arriva alors.

Où étois-je pendant tout ce fracas? Dans une petite chambre où l'on m'avoit reléguée à cause de mes pleurs et de mes gémissemens qui étourdissoient les deux filles, et que je n'osai en effet continuer longtemps; l'excès de ma douleur la rendit bientôt solitaire et muette, surtout depuis qu'elles surent que Mme de Tresle m'avoit laissé un diamant d'environ deux mille francs, qu'une de ses amies lui avoit autrefois donné en mourant, et qu'elles furent obligées de délivrer au confesseur de leur mère, qui devoit me le remettre; ce diamant les avoit outrées contre moi; elles ne pouvoient pas me voir.

« Comment! est-il possible, disoient-elles, que notre mère nous ait moins aimées que cette petite fille? N'est-il pas bien étonnant que ceux qui l'ont dirigée n'aient pas redressé ses sentimens, ni travaillé à lui en inspirer de plus naturels et de plus légitimes? » Jugez si cette petite fille auroit bien fait de se montrer; aussi ne les ai-je jamais oubliés, ces quatre jours que je passai avec elles, et que j'y passai dans les larmes.

Oui, Marianne, croiriez-vous que je n'y songe encore qu'en frémissant, à cette maison si désolée, où je n'étois plus rien pour qui que ce soit, où je me trouvois seule au milieu de tant de personnes, où je ne voyois plus que des visages la plupart ennemis, quelques-uns indifférens, et tous alors plus étrangers pour moi que si je ne les eusse jamais vus ? car voilà l'impression qu'ils me faisoient. Considérez-moi dans cette chambre où l'on m'avoit mise à l'écart, où je me sauvois de la rudesse et de l'aversion de mes tantes, où me retenoit l'effroi de paroître à leurs yeux, et où je tremblois seulement en entendant leur voix.

Je croyois dépendre du caprice ou de l'humeur de tout le monde; il n'y avoit personne dans la maison, pas un domestique à qui je ne m'imaginasse avoir obligation de ce qu'il ne me méprisoit ou ne me rebutoit pas; et vous devez, ma chère Marianne, juger mieux qu'une autre combien je souffris, moi que rien n'avoit préparée à cette étrange sorte de misère, moi qui n'avois pas la moindre idée de ce qu'on appelle peine d'esprit et qui sortois d'entre les mains d'une grand'mère qui m'avoit amolli le cœur par ses tendresses.

Ce ne sont pas là de ces chagrins violens où l'on s'agite, où l'on s'emporte, où l'on a la force de se désespérer; c'est encore pis que cela; ce sont de ces tristesses retirées dans le fond de l'âme, qui la flétrissent, et qui la laissent comme morte; on n'est qu'épouvanté de n'appartenir à personne, mais on se sent comme anéanti en présence de tels parens.

Enfin, ma situation changea; il n'y avoit plus rien à discuter, et, le quatrième jour de la mort de Mme de Tresle, mes tantes songèrent à s'en retourner chez elles avec leurs maris qui les étoient venus prendre.

Un vieux et ancien domestique qui s'étoit marié chez Mme de Tresle, et qui logeoit dans la basse-cour avec toute sa famille, de vigneron qu'il étoit, fut établi concierge de la maison, en attendant qu'on eût levé les scellés.

Cet homme se ressouvint que j'étois enfermée dans cette petite chambre. « Vous ne pouvez pas demeurer ici, puisqu'il n'y demeurera plus personne, me dit-il; allons, venez dans la salle où l'on déjeune. »

Il fallut bien l'y suivre malgré moi, et sans savoir ce que j'allois devenir. Je n'y entrai qu'en tremblant, la tête baissée, avec un visage pâle et déjà maigri, avec du linge et des habits froissés pour avoir passé deux nuits sur mon lit sans m'être déshabillée, et cela par pur découragement, et parce qu'aussi qui que ce soit ne s'avisoit le soir de venir voir ce que je faisois.

Je n'osois lever les yeux sur ces deux redoutables sœurs; j'étois à leur merci, je n'avois la protection de personne, et, depuis que j'avois perdu Mme de Tresle, je ne m'étois pas encore sentie si privée d'elle que dans cet instant où je parus devant ses filles.

« Et à propos, nous n'avons point encore songé à cette petite fille, dit alors la cadette du plus loin qu'elle m'aperçut; qu'en ferons-nous donc, ma sœur? Car, pour moi, je vous dirai naturellement que je ne saurois me charger d'elle; ma belle-sœur et ses deux enfans sont actuellement chez moi, et j'ai assez de mes autres embarras sans celui-là.

— Moi assez des miens, repartit l'aînée : on rebâtit ma maison; il y en a une partie d'abattue; où la mettrois-je? — Eh bien! répondit l'autre, où est la difficulté? Il n'y a qu'à la laisser chez ce bonhomme (c'étoit le vigneron qu'elle vouloit dire), dont la femme en aura soin, et qui la gardera en attendant qu'on ait réponse de sa mère, à qui nous écrirons, qui enverra apparemment de l'argent, quoiqu'il n'en soit jamais venu de chez elle, et qui disposera de sa fille comme il lui plaira. Je ne vois point d'autre arrangement, dès que nous ne pouvons pas l'emmener et qu'il n'y a point d'autres parens ici. Je ne suis pas d'avis qu'il m'en arrive autant qu'à ma mère, à qui la marquise, toute grande dame et toute riche qu'elle est, n'a pas eu honte de la laisser pendant dix ans entiers, qui, pour surcroît de ridicule, ont fini par un legs de mille écus (elle parloit du diamant). » Jugez-en,

Marianne : voyez si l'on pouvoit, moi présente, me rejeter avec plus d'insulte, ni traiter de ma situation avec moins d'humanité, ni me la montrer avec moins d'égard pour la foiblesse de mon âge.

Aussi en eus-je l'esprit troublé; cet asile qu'on me refusoit, celui qu'on me reprochoit d'avoir trouvé chez Mme de Tresle; ce misérable gîte qu'on me destinoit dans le lieu même où j'avois été si heureuse, où Mme de Tresle m'avoit tant aimée, où je me dirois sans cesse : « Où est-elle? » où je croirois toujours la voir, et toujours avec la douleur de ne la voir jamais; enfin, ce récit qu'on me faisoit, en passant, du peu d'intérêt que ma mère prenoit à moi, tout cela me pénétra si fort qu'en m'écriant : « Ah! mon Dieu! » mon visage à l'instant fut couvert de larmes.

Pendant qu'on délibéroit ainsi sur ce qu'on feroit de moi, M. Villot, cet ancien fermier de mon grand-père, et à qui Mme de Tresle avoit écrit, entra dans la salle. Je le connoissois, je l'avois vu venir souvent à la maison pour des achats de blé; et l'air plein de zèle et de bonne volonté avec lequel il jeta d'abord les yeux sur moi m'engagea subitement et sans réflexion à avoir recours à lui.

« Hélas! lui dis-je, Monsieur Villot, vous qui étiez notre ami, menez-moi chez vous pour quelques jours; souvenez-vous de Mme de Tresle, et ne me laissez pas ici, je vous en conjure.

—Eh! vraiment, Mademoiselle, je n'arrive ici que

pour vous emmener; c'est Mme de Tresle qui, en mourant, m'en a chargé par la lettre que voici, et que je n'ai reçue que ce matin en revenant de la ville. Ainsi je vous conduirai tout à l'heure à notre bourg, si ces dames y consentent; et ce sera bien de l'honneur pour moi de vous rendre ce petit service, après les obligations que j'ai à feu M. de Tervire, mon bon maître et votre grand-père, que nous avons bien pleuré ma femme et moi, et pour qui nous prions Dieu encore tous les jours. Il n'y a qu'à venir, Mademoiselle; nous nous estimerons bien heureux de vous avoir à la maison, et nous vous y porterons autant de respect que si vous étiez chez vous, ainsi qu'il est juste.

—Volontiers, dit alors une de mes tantes; n'est-ce pas, ma sœur? Elle sera là chez de fort honnêtes gens, et nous pouvons la leur confier en toute sûreté. Oui, Monsieur Villot, on vous la laisse avec plaisir, emmenez-la; j'écrirai dès aujourd'hui à sa mère la bonne volonté que vous avez marquée, afin que vous n'y perdiez pas et qu'elle se hâte de vous débarrasser de sa fille.

—Ah! Madame, lui répondit ce galant homme, ce n'est pas le gain que j'y prétends faire qui me mène; je n'y songe pas. Pour ce qui est de l'embarras, il n'y en aura point; ma femme ne quitte jamais son ménage, et nous avons une chambre fort propre qui est toujours vide, excepté quand mon gendre vient au bourg; mais il couchera ailleurs; il n'est que mon gendre, et la jeune demoiselle sera la maîtresse du logis jusqu'à ce que sa mère la reprenne. »

Je m'approchai alors de M. Villot pour lui témoigner combien j'étois sensible à ce qu'il disoit, et de son côté il me fit une révérence à laquelle on reconnoissoit le fermier de mon grand-père.

« Allons, voilà qui est décidé, dit alors la cadette ; adieu, Monsieur Villot ; qu'on aille chercher la cassette de cette petite fille ; il se fait tard, nos équipages sont prêts, il n'y a qu'à partir. Tervire (c'étoit à moi à qui elle s'adressoit), donnez demain de vos nouvelles à votre mère ; on vous reverra un de ces jours, entendez-vous ? Soyez bien raisonnable, ma fille ; nous vous la recommandons, Monsieur Villot. »

Là-dessus elles prirent congé de tout le monde, passèrent dans la cour, se mirent chacune dans leur voiture, et partirent sans m'embrasser ; elles venoient de s'épuiser d'amitié pour moi dans les dernières paroles que venoit de me dire la cadette, et que l'aînée étoit censée m'avoir dites aussi.

Je fus un peu soulagée dès que je ne les vis plus ; je respirai, je sentis une affliction de moins. On chargea un paysan de mon petit bagage, et nous partîmes à notre tour, M. Villot et moi.

Non, Marianne, quelque chose que je vous aie dit jusqu'ici de mes détresses, je ne me souviens point d'avoir rien éprouvé de plus triste que ce qui se passa dans mon cœur en cet instant.

Nous qui sommes bornées en tout, comment le sommes-nous si peu quand il s'agit de souffrir? Cette maison où je croyois ne pouvoir demeurer sans mourir, je ne pus la quitter sans me sentir arracher l'âme; il me sembla que j'y laissois ma vie, j'expirois à chaque pas que je faisois pour m'éloigner d'elle, je ne respirois qu'en soupirant; j'étois cependant bien jeune, mais quatre jours d'une situation comme étoit la mienne avancent bien le sentiment : ils valent des années.

« Mademoiselle, me disoit le fermier qui avoit presque envie de pleurer lui-même, marchons, ne retournez point la tête, et gagnons vite le logis; votre grand'mère nous aimoit; c'est comme si c'étoit elle. »

Pendant qu'il me parloit, nous avancions; je me retournois encore, et, à force d'avancer, elle disparut à mes yeux, cette maison que je n'aurois voulu ni habiter ni perdre de vue.

Enfin nous entrâmes dans le bourg, et me voici chez M. Villot avec sa femme, que je ne connoissois point, et qui me reçut avec l'air et les façons dont j'avois besoin dans l'état où j'étois : je ne me trouvai point étrangère avec elle; on est tout d'un coup lié avec les gens qui ont le cœur bon; quels qu'ils soient, ce sont comme des amis que vous avez dans tous les états.

Ce fut ainsi que je fus accueillie, et le premier avantage que j'en retirai fut d'être délivrée de cette crainte stupide, de cet abattement d'esprit où j'avois langui jusque-là; j'osai du moins alors pleurer et soupirer à mon aise.

Mes tantes avoient réduit ma douleur à se taire; le zèle et les caresses de ces gens-ci la mirent en liberté; cela la rendit plus tendre, par conséquent plus douce, et puis la dissipa insensiblement, à l'attendrissement près qui me resta en songeant à Mme de Tresle, et que j'ai encore quand je parle d'elle.

J'avois écrit à ma mère, et il y avoit toute apparence que M. Villot ne me garderoit que dix ou douze jours. Et point du tout; ma mère m'écrivit en quatre lignes de rester chez lui, sous prétexte d'avoir un voyage à faire avec son mari, et de m'emmener ensuite à Paris avec elle.

Mais ce voyage qu'elle remettoit de mois en mois ne se fit point, et le tout se termina par me marquer bien franchement qu'elle ne savoit plus quand elle viendroit, mais qu'elle alloit prendre des arrangemens pour me faire venir à Paris; ce qui n'eut aucun effet non plus, malgré la quantité de lettres dont je la fatiguai depuis, et auxquelles elle ne répondit point; de façon que je me lassai moi-même de lui écrire, et que je restai chez ce fermier aussi abandonnée que si je n'avois point eu de famille, à quelque argent près qu'on envoyoit rarement pour m'habiller, avec une petite pension qu'on payoit pour moi, et dont la médiocrité n'empêchoit pas mes généreux hôtes de m'aimer de tout leur cœur, et de me respecter en m'aimant.

De mes tantes, je ne vous en parle point; je ne les voyois, tout au plus, que deux fois par an.

J'avois quatre ou cinq compagnes dans le bourg et aux environs : c'étoient des filles de bourgeois du lieu, avec qui je passois une partie de la journée, ou les filles de quelques gentilshommes voisins, et dont les mères m'emmenoient quelquefois dîner chez elles, quand le fermier, qui avoit affaire à leurs maris, devoit venir me reprendre.

Les demoiselles (j'entends les filles nobles), en qualité de mes égales, m'appeloient Tervire et me tutoyoient, et s'honoroient un peu, ce me semble, de cette familiarité à cause de madame la marquise ma mère.

Les bourgeoises, un peu moins hardies, malgré qu'elles en eussent, usoient de finesse pour sauver leur petite vanité, et me donnoient un nom qui paroissoit les mettre au pair. J'étois *ma chère amie* pour elles; c'est une remarque que je fais en passant, pour vous amuser.

Voilà comment je vécus jusqu'à l'âge de près de dix-sept ans.

Il y avoit alors à un petit demi-quart de lieue de notre bourg un château où j'allois assez souvent. Il appartenoit à la veuve d'un gentilhomme qui étoit mort depuis dix ou douze ans; elle avoit été autrefois une des compagnes de ma mère et sa meilleure amie; je pense aussi qu'elles avoient été mariées à peu près dans le même temps, et qu'elles s'écrivoient quelquefois.

Cette veuve pouvoit avoir alors environ quarante ans, femme bien faite et de bonne mine, et à qui sa fraîcheur et son embonpoint laissoient encore un assez grand air de beauté ; ce qui, joint à la vie régulière qu'elle menoit, à des mœurs qui paroissoient austères, et à ses liaisons avec tous les dévots du pays, lui attiroit l'estime et la vénération de tout le monde, d'autant plus qu'une belle femme édifie plus qu'une autre quand elle est pieuse, parce qu'ordinairement elle a besoin d'un plus grand effort pour l'être.

Il y avoit bien quelques personnes dans nos cantons qui n'étoient pas absolument sûres de cette grande piété qu'on lui croyoit.

Parmi les dévots qui alloient souvent chez elle, on remarquoit qu'il y avoit toujours eu quelques jeunes gens, soit séculiers, soit ecclésiastiques ou abbés, et toujours bien faits. Elle avoit d'ailleurs de grands yeux assez tendres ; sa façon de se mettre, quoique simple et modeste, avoit un peu trop bonne grâce, et les gens dont je viens de parler se défioient de tout cela ; mais à peine osoient-ils montrer leur défiance, dans la crainte de passer pour de mauvais esprits.

Cette veuve avoit écrit à ma mère que je la voyois souvent, et il est vrai que j'aimois sa douceur et ses manières affectueuses.

Vous vous ressouvenez que je n'avois pas de bien ; ma mère, qui ne savoit que faire de moi, et qui auroit souhaité que je ne vinsse jamais à Paris, où je n'aurois pu prendre les airs d'une fille de condition, ni vivre convenablement à sa vanité et au rang qu'elle y tenoit, lui témoigna combien elle lui seroit obligée si elle pouvoit adroitement m'inspirer l'envie d'être religieuse. Là-dessus la veuve entreprend d'y réussir.

La voilà qui donne le mot à toute cette société de gens de bien, afin qu'ils concourent avec elle au succès de son entreprise ; elle redouble de caresses et d'amitié pour moi ; et il est vrai qu'une fille de mon âge, et d'une aussi jolie figure qu'on disoit que je l'étois, ne lui auroit pas fait peu d'honneur de s'aller jeter dans un couvent au sortir de ses mains.

Elle me retenoit presque tous les jours à souper, et même à coucher chez elle ; à peine pouvoit-elle se passer de me voir depuis le matin jusqu'au soir. M. et Mme Villot étoient charmés de mon attachement pour elle, ils m'en louoient, ils m'en estimoient encore davantage, et tout le monde pensoit comme eux ; je m'affectionnois moi-même aux éloges que je m'entendois donner ; j'étois flattée de cet applaudissement général ; ma dévotion en augmentoit tous les jours, et ma mine en devenoit plus austère.

Cette femme m'associoit à tous ses pieux exercices, m'enfermoit avec elle pour de saintes lectures, m'emmenoit à l'église et à toutes les prédications qu'elle couroit ; je passois fort bien une heure ou deux assise et toute ramassée dans le fond d'un confessionnal, où je me recueillois comme elle, où je croyois du moins me recueillir à son exemple, à cause que j'avois l'honneur d'imiter sa posture.

Elle avoit su m'intéresser à toutes ces choses par la façon insinuante avec laquelle elle me conduisoit.

« Ma prédestinée, me disoit-elle souvent (car elle et ses amies ne me donnoient point d'autre nom), que la piété d'une fille comme vous est un touchant spectacle ! Je ne saurois vous regarder sans louer Dieu, sans me sentir excitée à l'aimer.

— Eh ! mais sans doute, répondoient nos amis, cette piété qui nous charme, et dont nous sommes témoins, est une grâce que Dieu nous fait aussi bien qu'à mademoiselle. Et ce n'est pas pour en rester là que vous êtes si pieuse avec tant de jeunesse et tant d'agrémens, ajoutoit-on; cela ira encore plus loin : Dieu vous destine un état plus saint, il vous voudra tout entière; on le voit bien, il faut de grands exemples au monde, et vous en serez un du triomphe de la grâce. »

A ces discours qui m'animoient, on joignoit des égards presque respectueux, on feignoit des étonnemens, on levoit les yeux au ciel d'admiration; j'étois parmi eux une personne grave et vénérable, ma présence en imposoit; et à tout âge, surtout à celui où j'étois, on aime à se voir de la dignité avec ceux avec qui l'on vit. C'est de si bonne heure qu'on est sensible au plaisir d'être honoré !

Aussi la veuve espéroit-elle bien par là me mener tout doucement à ses fins.

Sa maison n'étoit pas éloignée d'un couvent de filles où nous allions pour le moins une ou deux fois la semaine.

Elle y avoit une parente qui étoit instruite de ses desseins, et qui s'y prêtoit avec toute l'adresse monacale, avec tout le zèle mal entendu dont elle étoit capable. Je dis mal entendu, car il n'y a rien de plus imprudent, et peut-être rien de moins pardonnable que ces petites séductions qu'on emploie en pareil cas pour faire venir à une jeune fille l'envie d'être religieuse. Ce n'est pas en agir de bonne foi avec elle ; et il vaudroit encore mieux lui exagérer les conséquences de l'engagement qu'elle prendra que de l'empêcher de les voir, ou que de les lui déguiser si bien qu'elle ne les connoît pas.

Quoi qu'il en soit, cette parente de ma veuve n'oublioit rien pour me gagner, et elle y réussissoit ; je l'aimois de tout mon cœur : c'étoit une vraie fête pour moi que d'aller lui rendre visite ; et on ne sauroit croire combien l'amitié d'une religieuse est attrayante, combien elle engage une fille qui n'a rien vu et qui n'a nulle expérience : on aime alors cette religieuse autrement qu'on n'aimeroit une amie du monde ; c'est une espèce de passion que l'attachement innocent qu'on prend pour elle ; et il est sûr que l'habit que nous portons, et qu'on ne voit qu'à nous, que la physionomie reposée qu'il nous donne, contribuent à cela, aussi bien que cet air de paix qui semble répandu dans nos maisons, et qui les fait imaginer comme un asile doux et tranquille ; enfin il n'y a pas jusqu'au silence qui règne parmi nous qui ne fasse une impression agréable sur une âme neuve et un peu vive.

J'entre dans ce détail à cause de vous, à qui il peut servir, Marianne, et afin que vous examiniez en vous-même si l'envie que vous avez d'embrasser notre état ne vient pas en partie de ces petits attraits dont je vous parle et qui ne durent pas longtemps.

Pour moi, je les sentois quand j'allois à ce couvent ; et il falloit voir comme ma religieuse me serroit les mains dans les siennes, avec quelle sainte tendresse elle me parloit et jetoit les yeux sur moi. Après cela venoient encore deux ou trois de ses compagnes aussi caressantes qu'elle, et qui m'enchantoient par la douceur des petits noms qu'elles me donnoient et par leurs grâces simples et dévotes ; de sorte que je ne les quittois jamais que pénétrée d'attendrissement pour elles et pour leur maison.

« Mon Dieu ! que ces bonnes filles sont heureuses ! me disoit la veuve quand nous retournions chez elle ; que n'ai-je pris cet état-là ! Nous venons de les laisser dans le sein du repos, et nous allons retrouver le tumulte de la vie du monde. »

J'en convenois avec elle ; et, dans les dispositions où j'étois, il ne me falloit peut-être plus qu'une visite ou deux à ce couvent pour me déterminer à m'y jeter, sans un coup de hasard qui me changea tout d'un coup là-dessus.

Un jour que ma veuve étoit indisposée, et qu'il y avoit plus d'une semaine que nous n'avions été à ce couvent, j'eus envie d'y aller passer une heure ou deux, et je priai la veuve de me donner sa femme de chambre pour me mener; j'avois un livre à rendre à ma bonne amie la religieuse, que je demandai, et que je ne pus voir : un rhumatisme auquel elle étoit sujette la retenoit au lit; ce fut ce qu'elle m'envoya dire par une de ses compagnes qui venoient ordinairement me trouver au parloir avec elle.

Celle qui me parla alors étoit une personne de vingt-cinq à vingt-six ans, grande fille d'une figure aimable et intéressante, mais qui m'avoit toujours paru moins gaie, ou, si vous voulez, plus sérieuse que les autres; elle avoit quelquefois un air de mélancolie sur le visage, que l'on croyoit naturel, et qui ne rebutoit point, qui devenoit même attendrissant par je ne sais quelle douceur qui s'y mêloit; il me semble que je la vois encore avec ses grands yeux languissans; elle laissoit volontiers parler les autres quand nous étions toutes ensemble; c'étoit la seule qui ne m'eût point donné de petits noms, et qui se contentoit de m'appeler *mademoiselle*, sans que cela m'empêchât de la trouver aussi affable que ses compagnes.

Ce jour-là elle me parut encore plus mélancolique que de coutume; et, comme je ne la soupçonnois point de tristesse, je m'imaginai qu'elle ne se portoit pas bien.

« N'êtes-vous pas malade? lui dis-je; je vous trouve un peu pâle. — Cela se peut bien, me répondit-elle; j'ai passé une assez mauvaise nuit, mais ce ne sera rien. Souhaitez-vous, ajouta-t-elle, que j'aille avertir nos sœurs que vous êtes ici ? — Non, lui dis-je, je n'ai qu'une heure à rester avec vous, et je ne demande pas d'autre compagnie que la vôtre; aussi bien aurai-je incessamment le temps de voir nos bonnes amies tout à mon aise, et sans être obligée de les quitter. — Comment! sans les quitter? me dit-elle : auriez-vous dessein d'être des nôtres?

— J'y suis plus d'à moitié résolue, lui répondis-je, et je crois que dès demain je l'écrirai à ma mère; il y a longtemps que votre bonheur me fait envie, et je veux être aussi heureuse que vous. »

Je passai alors ma main à travers le parloir pour prendre la sienne qu'elle me tendit, mais sans répondre à ce que je lui disois; je m'aperçus même que ses yeux se mouilloient, et qu'elle baissoit la tête, apparemment pour me le cacher.

J'en demeurai dans un étonnement qui me rendit, à mon tour, quelque instant muette.

« Dites-moi donc, m'écriai-je en la regardant, est-ce que vous pleurez? Est-ce que je me trompe sur votre bonheur? »

A ce mot de *bonheur*, ses larmes redoublèrent,

et j'en fus touchée moi-même, sans savoir ce qui l'affligeoit.

Enfin, après plusieurs soupirs qui sortirent comme malgré elle : « Hélas ! Mademoiselle, me répondit-elle, gardez-moi le secret sur ce que vous voyez, je vous en conjure ; ne dites mes pleurs à personne ; je n'ai pu les retenir, et je vous en confierai la cause ; il ne vous sera peut-être pas inutile de la savoir, elle peut servir à votre instruction. »

Elle s'arrêta là pour essuyer ses larmes. « Achevez, lui dis-je en pleurant moi-même, et ne me cachez rien, ma chère amie ; je me sens pénétrée de vos chagrins, et je regarde la confiance que vous me témoignez comme un bienfait que je n'oublierai jamais.

— Vous voulez vous faire religieuse ? me dit-elle alors ; et les caresses de nos sœurs, l'accueil qu'elles vous font, les discours qu'elles vous tiennent, et, autant qu'il me le semble, les insinuations de Mme de Sainte-Hermières (c'étoit le nom de ma veuve), tout vous y porte, et vous allez vous engager dans notre état sur la foi d'une vocation que vous croyez avoir, et que vous n'auriez peut-être pas sans tout cela. Prenez-y garde ! J'avoue, si vous êtes bien appelée, que vous vivrez tranquille et contente ; mais ne vous en fiez pas aux dispositions où vous vous trouvez : elles ne sont pas assez sûres, je vous en avertis ; peut-être cesseront-elles avec les circonstances qui vous les inspirent à présent, mais qui ne font que vous les prêter ; et je ne saurois

vous dire quel malheur c'est pour une fille de votre
âge de s'y être trompée, ni jusqu'où ce malheur-là
peut devenir terrible pour elle. Vous ne vous figu-
rez ici que des douceurs, et il y en a sans doute ;
mais ce sont des douceurs particulières à notre
état, et il faut être née pour les goûter. Nous
avons aussi nos peines que le monde ne connoît
point, et il faut être née pour les supporter. Il y a
telle personne qui dans le monde auroit pu soutenir les plus grands malheurs, et qui ne trouve pas
en elle de quoi soutenir les devoirs d'une religieuse, tout simples qu'ils vous paroissent. Chacun
a ses forces ; celles dont on a besoin parmi nous
ne sont pas données à tout le monde, quoiqu'elles
semblent devoir être bien médiocres, et j'en fais
l'expérience. C'est à votre âge que je suis entrée
ici ; on m'y mena d'abord comme on vous y mène ;
je m'y attachai comme vous à une religieuse dont
je fis mon amie, ou, pour mieux dire, caressée par
toutes celles qui y étoient, je les aimai toutes, je
ne pouvois pas m'en séparer. J'étois une cadette,
toute ma famille aidoit au charme qui m'attiroit
chez elles ; je n'imaginois rien de si doux que
d'être du nombre de ces bonnes filles qui m'aimoient tant, pour qui ma tendresse étoit une vertu,
et avec qui Dieu me paroissoit si aimable, avec qui
j'allois le servir dans une paix si délicieuse. Hélas !
Mademoiselle, quelle enfance ! Je ne me donnois
pas à Dieu, ce n'étoit point lui que je cherchois
dans cette maison ; je ne voulois que m'assurer

la douceur d'être toujours chérie de ces bonnes filles, et de les chérir moi-même ; c'étoit là le puéril attrait qui me menoit, je n'avois point d'autre vocation. Personne n'eut la charité de m'avertir de la méprise que je pouvois faire, et il n'étoit plus temps de me dédire quand je connus toute la mienne. J'eus cependant des ennuis et des dégoûts sur la fin de mon noviciat ; mais c'étoient des tentations, venoit-on me dire affectueusement et en me caressant encore. A l'âge où j'étois, on n'a pas le courage de résister à tout le monde : je crus ce qu'on me disoit, tant par docilité que par persuasion ; le jour de la cérémonie de mes vœux arriva, je me laissai entraîner, je fis ce qu'on me disoit : j'étois dans une émotion qui avoit arrêté toutes mes pensées ; les autres décidèrent de mon sort, et je ne fus moi-même qu'une spectatrice stupide de l'engagement éternel que je pris. »

Ses pleurs recommencèrent ici, et elle n'acheva les derniers mots qu'avec une voix étouffée par ses soupirs.

Vous avez vu que sa douleur n'avoit fait d'abord que m'attendrir, elle m'effraya dans ce moment-ci. Tout ce qui l'avoit conduite à ce couvent ressembloit si fort à ce qui me donnoit envie d'y être, mes motifs venoient si exactement des mêmes causes, et je voyois si bien mon histoire dans la sienne, que je tremblois du péril où j'étois, où plutôt de celui où j'avois été : car je crois que dans cet instant je ne me souciois plus de cette maison, non plus que de celles qui y demeuroient ; je me sentis glacée pour elles, et je ne fis plus de cas de leurs façons.

De sorte que, après avoir quelques instants rêvé sur ce que je venois d'entendre : « Ah ! mon Dieu, Madame, que de réflexions vous me faites faire ! dis-je à cette religieuse qui pleuroit encore ; et que vous m'apprenez de choses que je ne savois pas !

— Hélas ! me répondit-elle, je vous l'ai déjà dit, Mademoiselle, et je vous le répète, ne confiez notre conversation à personne ; je ne suis déjà que trop à plaindre, et je le serois encore davantage si vous parliez.

— Vous n'y songez pas, lui dis-je ; moi révéler une confidence à qui je devrai peut-être tout le repos de ma vie, et que malheureusement je ne puis payer par aucun service, malgré le triste état où vous êtes et qui m'arrache les pleurs que vous me voyez verser ! » ajoutai-je avec un attendrissement dont la douceur la gagna au point que le reste de son secret lui échappa.

« Hélas ! vous ne voyez rien encore, et vous ne savez pas tout ce que je souffre, s'écria-t-elle en appuyant sa tête sur ma main, que je lui avois passée, et qu'elle arrosa de ses larmes.

— Chère amie, lui répondis-je à mon tour, auriez-vous encore d'autres chagrins ? Soulagez votre cœur en me les disant ; donnez-vous du moins cette consolation-là avec une personne qui vous aime, et qui en soupirera avec vous.

— Eh bien, me dit-elle, je me fie à vous ; j'ai besoin de secours, je vous en demande, et c'est contre moi-même. »

Elle tira alors de son sein un billet sans adresse, mais cacheté, qu'elle me donna d'une main tremblante. « Puisque je vous fais pitié, ajouta-t-elle, défaites-moi de cela, je vous en conjure ; ôtez-moi ce malheureux billet qui me tourmente, délivrez-moi du péril où il me jette, et que je ne le voie plus. Depuis deux heures que je l'ai reçu, je ne vis pas.

— Mais, lui dis-je, vous ne l'avez point lu, il n'est point ouvert. — Non, me répondit-elle ; à tout moment j'ai eu envie de le déchirer, à tout moment j'ai été tentée de l'ouvrir, et à la fin je l'ouvrirois, je n'y résisterois pas ; je crois que j'allois le lire quand, par bonheur pour moi, vous êtes venue ; eh ! quel bonheur ! hélas ! je suis bien éloignée de sentir que c'en est un ; je ne sais pas même si je le pense. Ce billet que je viens de vous donner, je le regrette, peu s'en faut que je ne vous le redemande, je voudrois le ravoir ; mais ne m'écoutez point, et, si vous le lisez, comme vous en êtes la maîtresse, puisque je ne vous cache rien, ne me dites jamais ce qu'il contient, je ne m'en doute que trop, et je ne sais ce que je deviendrois si j'en étois mieux instruite.

— Eh ! de qui le tenez-vous ? lui dis-je alors, émue moi-même du trouble où je la voyois. — De mon ennemi mortel, d'un homme qui est plus fort que moi, plus fort que ma religion, que mes réflexions, répondit-elle; d'un homme qui m'aime, qui a perdu la raison, qui veut m'ôter la mienne, qui n'y a déjà que trop réussi, à qui il faut que vous parliez, et qui s'appelle... »

Elle me le nomma alors tout de suite dans le désordre des mouvemens qui l'agitoient; et jugez quelle fut ma surprise, quand elle prononça le nom d'un homme que je voyois presque tous les jours chez Mme de Sainte-Hermières, et qui étoit un jeune abbé de vingt-sept à vingt-huit ans, qui, à la vérité, n'avoit encore aucun engagement bien sérieux dans l'état ecclésiastique, qui jouissoit cependant d'un petit bénéfice, qui passoit pour être très pieux, qui avoit la conduite et l'air d'un homme qui l'est beaucoup, et que je croyois moi-même d'une sagesse de mœurs irréprochable Aussi, en apprenant que c'étoit lui, ne pus-je m'empêcher de faire un cri.

« Je sais, ajouta-t-elle, que vous le voyez très souvent; nous sommes alliés, et il m'a trompée dans ses visites; peut-être s'y est-il trompé lui-même. Il m'a, dit-il, aimée sans qu'il l'ait su, et je crois que ma foiblesse vient d'avoir su qu'il m'aimoit; depuis ce temps-là il me persécute, et je l'ai souffert; mais montrez-lui sa lettre, dites-lui que je ne l'ai point lue; dites-lui que je ne veux plus le voir, qu'il me laisse en repos par pitié pour moi, par pitié pour lui; faites-lui peur de Dieu même, qui me défend encore contre lui, qui ne me défendroit pas longtemps, et sur qui il auroit le malheur de l'emporter, s'il continue de me poursuivre ; dites-lui qu'il doit trembler de l'état où je suis : je ne réponds de rien, si je le revois ; je suis capable de le suivre, je suis capable d'abréger ma vie, je suis capable de tout ; je ne prévois que des horreurs, je n'imagine que des abîmes, et il est sûr que nous péririons tous deux. »

Elle fondoit en larmes en me tenant ce discours ; elle avoit les yeux égarés ; son visage étoit à peine reconnoissable, il m'épouvanta. Nous gardâmes toutes deux un assez long silence ; je le rompis enfin, je pleurai avec elle.

« Tranquillisez-vous, lui dis-je, vous êtes née avec une âme douce et vertueuse ; ne craignez rien, Dieu ne vous abandonnera pas ; vous lui appartenez, et il ne veut que vous instruire. Vous comparerez bientôt le bonheur qu'il y a d'être à lui au misérable plaisir que vous trouvez à aimer un homme foible, corrompu, tôt ou tard ingrat, pour le moins infidèle, et qui ne peut occuper votre cœur qu'en l'égarant, qui ne vous donne le sien que pour vous perdre ; vous le savez bien, vous me le dites vous-même, c'est d'après vous que je parle ; et tout ceci n'est qu'un trouble passager qui va se dissiper, qu'il falloit que vous connussiez pour en être ensuite plus forte, plus éclairée et plus contente de votre état. »

Je m'arrêtai là ; une cloche sonna qui l'appeloit à l'église. « Revenez donc me voir », me dit-elle d'une voix presque étouffée. Et elle me quitta.

Je restai encore quelques momens assise. Tout ce que je venois d'entendre avoit fait une si grande révolution dans mon esprit, et je revenois de si loin, que, dans l'étonnement où j'étois de mes nouvelles idées, je ne songeois point à sortir de ce parloir.

Cependant le jour baissoit ; je m'en aperçus à travers ma rêverie, et je rejoignis la femme de chambre qui m'avoit amenée, et que je trouvai qui venoit me chercher.

Me voilà donc, comme je vous l'ai déjà dit, entièrement guérie de l'envie d'être religieuse, guérie à un point que je tressaillois en réfléchissant que j'avois pensé l'être, et qu'il s'en étoit peu fallu que je n'en eusse donné ma parole. Heureusement je n'avois pas été jusque-là, je n'avois encore paru que tentée d'embrasser cet état.

Mme de Sainte-Hermières, chez qui je revins pour quelques momens, voulut me retenir à coucher ; mais, sans compter que je désirois d'être seule pour me livrer tout à mon aise à la nouveauté de mes réflexions, c'est que je croyois avoir le visage aussi changé que l'esprit, et que j'appréhendois qu'elle ne s'aperçût, à ma physionomie, que je n'étois plus la même ; de sorte que j'avois besoin d'un peu de temps pour me rassurer et pour prendre une mine où l'on ne connût rien, je veux dire ma mine ordinaire.

Je ne me rendis donc point à ses instances, et m'en retournai chez M. Villot, où j'achevai de me familiariser moi-même avec mon changement, et où je rêvai aux moyens de ne le laisser entrevoir qu'insensiblement aux autres : car j'aurois été honteuse de les désabuser trop brusquement sur mon compte ; je voulois m'épargner leur surprise. Mais apparemment que je m'y pris mal et je ne m'épargnai rien.

J'oubliois une circonstance qu'il est nécessaire que vous sachiez : c'est qu'en m'en retournant chez mon fermier avec la femme de chambre qui m'avoit accompagnée au couvent, je rencontrai ce jeune homme dont m'avoit entretenue la religieuse, cet abbé qui lui faisoit répandre tant de larmes, et dont le billet que j'avois dans ma poche l'avoit jetée dans un si grand trouble.

J'allois entrer chez M. Villot, et je venois de renvoyer la femme de chambre. Ce jeune tartufe, avec sa mine dévote, s'arrêta pour me saluer et me faire quelque compliment. « Nous ne vous aurons donc pas ce soir chez Mme de Sainte-Hermières, où je vais souper ? me dit-il. — Non, Monsieur, lui répondis-je ; mais, en revanche, je puis vous donner des nouvelles de Mme de... que je quitte, et qui m'a beaucoup parlé de vous. » Je nommai la religieuse ; et l'air froid dont je lui dis ce peu de mots parut lui faire quelque impression ; du moins, je le crus.

« Elle a bien de la bonté, reprit-il ; je la vois quelquefois ; comment se porte-t-elle ? — Quoiqu'il n'y ait que trois heures que vous l'ayez quittée, lui repartis-je (et aussitôt il rougit), vous ne la reconnoîtriez pas, tant elle est abattue; je l'ai laissée baignée de ses pleurs et pénétrée jusqu'au désespoir de l'égarement d'un homme qui lui a écrit il y a six ou sept heures, dont elle déteste les visites passées, dont elle n'en veut recevoir de la vie, qui tenteroit inutilement de la revoir encore, et à qui elle m'a priée de rendre son billet, que voici », ajoutai-je en le tirant de ma poche, où il s'étoit ouvert je ne sais comment. Apparemment que la religieuse en avoit déjà à moitié rompu le cachet dont la rupture dut lui persuader, sans doute, que je l'avois lu, et qu'ainsi je savois jusqu'où il étoit dégagé de scrupules en fait de religion et de bonnes mœurs, en fait de probité même : car je me doutois, sur tous les discours de la religieuse, qu'il ne s'étoit pas agi de moins que d'un enlèvement, et il n'y avoit guère qu'un malhonnête homme qui eût pu en avoir fait la proposition.

Il prit le billet d'une main tremblante, et je le quittai sur-le-champ. « Adieu, Monsieur, lui dis-je; ne craignez rien de ma part, je vous promets un secret inviolable; mais craignez tout de mon amie, bien résolue d'éclater, à quelque prix que ce soit, si vous continuez à la poursuivre. »

Elle ne m'avoit pas chargée de lui faire cette menace, mais je crus pouvoir l'ajouter de mon chef; c'étoit encore un secours que je prêtois à cette fille, dont le péril me touchoit, et je pris sur moi d'aller jusque-là pour effrayer l'abbé et pour lui ôter toute envie de renouer l'intrigue.

J'y réussis en effet; il ne retourna pas au couvent, et j'en débarrassai la religieuse, ou, pour mieux dire, j'en débarrassai sa vertu : car, pour elle, il y avoit des momens où elle auroit donné sa vie pour le revoir, à ce qu'elle me disoit dans quelques entretiens que j'eus encore avec elle.

Cependant, à force de prières, de combats et de gémissemens, ses peines s'adoucirent, elle acquit de la tranquillité; insensiblement elle s'affectionna à ses devoirs, et devint l'exemple de son couvent par sa piété.

Quant à l'abbé, cette aventure ne le rendit pas meilleur; apparemment qu'il ne méritoit pas d'en profiter. La religieuse n'étoit qu'une égarée; l'abbé étoit un perverti, un faux dévot, en un mot; et Dieu, qui distingue nos foiblesses de nos crimes, ne lui fit pas la même grâce qu'à elle, comme vous l'allez voir par le récit d'un des plus tristes accidens de ma vie.

Je retournai le lendemain après midi chez Mme de Sainte-Hermières, qui étoit alors enfermée dans son oratoire, et que deux ou trois de nos amis communs attendoient dans la salle.

Elle descendit un quart d'heure après, et d'aussi loin qu'elle me vit : « Vous voilà donc, petite ! me cria-t-elle comme en soupirant sur moi. Hélas ! je songeois tout à l'heure à vous, vous m'avez distraite dans ma prière; voici le temps où je n'aurai plus le plaisir de vous voir parmi nous, mais vous n'en serez que mieux. Nous allons être séparés d'elle, Messieurs ; c'est dans la maison de Dieu qu'il faudra désormais chercher notre prédestinée.

— D'où vient donc, Madame ? » lui dis-je avec un sourire que j'affectai pour cacher la rougeur dont je ne pus me défendre en entendant parler de la maison de Dieu.

« Hélas ! Mademoiselle, me répondit-elle, c'est que je viens de recevoir une lettre de madame la marquise (elle parloit de ma mère), à qui j'écrivis ces jours passés que, dans les dispositions où je vous trouvois, elle pouvoit se préparer à vous voir bientôt religieuse ; et elle me charge de vous dire qu'elle vous aime trop pour s'y opposer si vous êtes bien appelée, qu'elle changeroit bien son état contre celui que vous voulez prendre, qu'elle n'estime pas assez le monde pour vous y retenir malgré vous, et qu'elle vous permet d'entrer au couvent quand il vous plaira : ce sont ses propres termes, et je prévois que vous profiterez peut-être dès ces jours-ci de la permission qu'on vous donne », ajouta-t-elle en me présentant la lettre de ma mère.

Les larmes me vinrent aux yeux pour toute réponse ; mais c'étoient des larmes de tristesse et de répugnance, on ne pouvoit pas s'y méprendre à l'air de mon visage.

« Qu'est-ce que c'est donc ? dit-elle ; on croiroit que cette lettre vous afflige ; est-ce que j'ai mal jugé de vous ? Tout le monde ici s'y est-il trompé, et n'êtes-vous plus dans les mêmes sentimens, ma fille?

— Que ne m'avez-vous consultée avant que d'écrire à ma mère? lui repartis-je en sanglotant: vous achevez de me perdre auprès d'elle, Madame. Je ne serai point religieuse; Dieu ne me veut pas dans cet état-là. »

A ce discours, je vis Mme de Sainte-Hermières immobile et presque pâlissante; ses amis se regardoient et levoient les mains d'étonnement.

« Ah! Seigneur, vous ne serez point religieuse! » s'écria-t-elle ensuite d'un ton douloureux qui signifioit: « Où en suis-je! » Et il est vrai que je lui ôtois l'espérance d'une aventure bien édifiante pour le monde, et par conséquent bien glorieuse pour elle. Après toute la dévotion que je tenois d'elle et de son exemple, il ne me manquoit plus qu'un voile pour être son chef-d'œuvre.

« Ne vous effrayez point, lui dit alors un de ceux qui étoient présens en souriant d'un air plein de foi; je m'y attendois; ceci n'est qu'un dernier effort de l'ennemi de Dieu contre elle. Vous l'y verrez peut-être voler dès demain, à cette heureuse et sainte retraite, qui vaut bien la peine d'être achetée par un peu de tentation.

— Non, Monsieur, répondis-je, toujours la larme à l'œil; non, ce n'est point une tentation; mon parti est pris là-dessus. — En ce cas-là, je vous plains de toutes façons, Mademoiselle », me repartit Mme de Sainte-Hermières avec une froideur qui m'annonçoit l'indifférence du commerce que nous aurions désormais ensemble. Et aussitôt elle se leva pour passer dans le jardin ; les autres la suivirent, j'en fis autant ; mais, aux manières qu'on eut avec moi dès cet instant, je ne reconnus plus personne de cette société ; c'étoit comme si j'avois vécu avec d'autres gens ; ce n'étoient plus eux, ce n'étoit plus moi.

De cette dignité où je m'étois vue parmi eux, il n'en fut plus question ; de ce respectueux étonnement pour mes vertus, de ces dévotes exclamations sur les grâces dont Dieu favorisoit cette jeune et vénérable prédestinée, il n'en resta pas vestige ; et je ne fus plus qu'une petite personne fort ordinaire qui avoit d'abord promis quelque chose, mais à qui on s'étoit trompé, et qui n'avoit pour tout mérite que l'avantage profane d'être assez jolie : car je n'étois plus si belle depuis que je refusois d'être religieuse ; ce n'étoit plus si grand dommage que je ne le fusse pas, à ne regarder que l'édification que j'aurois donnée au monde.

En un mot, je déchus de toutes façons, et, pour me punir de l'importance dont j'avois joui jusqu'alors, on porta si loin l'indifférence et l'inattention pour moi quand j'étois présente qu'à peine paroissoit-on savoir que j'étois là.

Aussi mes visites au château devinrent-elles si rares qu'à la fin je n'en rendois presque plus. Dans l'espace d'un mois, je ne voyois que deux ou trois fois Mme de Sainte-Hermières, qui ne s'en plaignoit point, qui ne me souhaitoit ni ne me haïssoit, dont l'accueil n'étoit que tiède ou distrait, et point impoli, et à qui, en effet, je ne faisois ni plaisir ni peine.

Il y avoit déjà près de cinq mois que cela duroit, quand un matin il vint un laquais de Mme de Sainte-Hermières me prier de sa part d'aller dîner chez elle ; cette invitation, à laquelle je me rendis, me parut nouvelle dans les termes où nous en étions toutes deux ; mais ce qui me surprit encore davantage, ce fut de voir cette dame reprendre avec moi cet air affectueux et caressant dont il n'étoit plus question depuis si longtemps.

Je la trouvai avec un gentilhomme qui ne venoit chez elle que depuis ma disgrâce, et que je ne connoissois moi-même que pour l'avoir rencontré au château dans mes deux dernières visites ; homme à peu près de quarante ans, infirme, presque toujours malade, souvent mourant ; un asthmatique qui auroit, disoit-on, fort aimé la dissipation et le plaisir, mais à qui sa mauvaise santé et la nécessité de vivre de régime n'avoient point laissé d'autre chose à faire que d'être dévot, et dont la mine, au moyen de cette dévotion et de ses infirmités, étoit devenue maigre, pâle, sérieuse et austère.

Cet homme, comme je vous le dépeins, languissant, à demi mort, d'ailleurs garçon et fort riche, qui, comme je vous l'ai dit, ne m'avoit vue que deux fois, à travers ses langueurs et son intérieur triste et mortifié, avoit pris garde que j'étois jolie et bien faite.

Et, comme il savoit que je n'avois point de fortune; que ma mère, qui étoit outrée de ce que je n'avois pas pris le voile, ne demanderoit pas mieux que de se défaire de moi; qu'on lui disoit d'ailleurs que, malgré mon inconstance passée dans l'affaire de ma vocation, je ne laissois pas cependant que d'avoir de la sagesse et de la douceur, il se persuada, puisque je manquois de bien, que ce seroit une bonne œuvre que de m'aimer jusqu'à m'épouser, qu'il y auroit de la piété à se charger de ma jeunesse et de mes agrémens, et à les retirer, pour ainsi dire, dans le mariage. Ce fut dans ce sens-là qu'il en parla à Mme de Sainte-Hermières.

Elle qui étoit bien aise de réparer l'affront que je lui avois fait en restant dans le monde, qui voyoit que la maison de ce gentilhomme ne valoit guère moins qu'un couvent, et qu'en me mariant avec lui je lui ferois presque autant d'honneur que si elle m'avoit faite religieuse, l'encouragea à suivre son dessein, résolut aussitôt avec lui de m'en instruire, et de me donner à dîner chez elle où je le trouvai.

« Venez, ma fille, venez, que je vous embrasse, me dit-elle dès qu'elle me vit. Je n'ai jamais cessé de vous aimer, quoique j'aie un peu cessé de vous le dire; mais laissons là mon silence et les raisons qui l'ont causé. Il faut croire que Dieu a tout fait pour le mieux ; ce qui se présente aujourd'hui pour vous me console de ce que vous avez perdu, et vous saurez ce que c'est quand nous aurons dîné. Mettons-nous à table. »

Pendant qu'elle me parloit, je jetai par hasard les yeux sur le gentilhomme en question, qui baissa gravement les siens, de l'air doux et discret pourtant, de l'air de quelqu'un qui étoit mêlé à ce qu'on avoit à me dire.

Nous dînâmes donc ; ce fut lui qui me servit le plus souvent ; il but à ma santé ; tout cela d'une manière qui m'annonçoit des vues, et qui sentoit la déclaration muette et chrétienne. On devine mieux ces choses-là qu'on ne les explique ; de sorte que j'eus quelque soupçon de la vérité.

Après le repas, il passa de la table où nous étions dans le jardin. « Mademoiselle, me dit Mme de Sainte-Hermières, vous n'avez point de bien, votre mère ne peut vous en donner ; M. le baron de Sercour en a beaucoup (c'étoit le nom de notre dévot) ; c'est un homme plein de piété, qui ne croit pas pouvoir faire un meilleur usage de sa richesse que de la partager avec une fille de qualité aussi estimable, aussi vertueuse que vous l'êtes, et dont le mérite a besoin de fortune. Il vous offre sa main ; ce seroit un mariage terminé en très peu de jours, et qui vous assureroit un établissement considérable. Il n'est question que d'en écrire à madame votre mère ; déterminez-vous ; il n'y a pas à hésiter, ce me semble, pour peu que vous réfléchissiez sur la situation où vous êtes et sur celle où vous pouvez tomber à l'avenir. Je vous parle en amie : le baron de Sercour n'est pas d'un âge rebutant ; il n'a pas beaucoup de santé, j'en conviens ; il est assez incertain qu'il vive longtemps, ajouta-t-elle en baissant le ton de sa voix ; mais enfin, Dieu est le maître, Mademoiselle. Si vous veniez à perdre le baron, du moins vous laisseroit-il de quoi chérir sa mémoire, et l'état de jeune et riche veuve, quoique affligée, est encore moins embarrassant que celui d'une fille de condition qui est fort mal à son aise. Qu'en dites-vous? Acceptez-vous le parti? »

Je restai quelques momens sans répondre ; ce mari qu'on m'offroit, cette figure de pénitent triste et langoureux ne me revenoit guère ; c'étoit ainsi que je l'envisageois alors ; mais j'avois de la raison.

Née sans bien, presque abandonnée de ma mère comme je l'étois, je n'ignorois pas tout ce que ma condition avoit de fâcheux. J'en avois déjà été effrayée plus d'une fois ; c'étoit ici l'instant de penser à moi plus sérieusement que jamais ; et il n'y avoit plus à m'inquiéter de cet avenir dont on me parloit, si j'épousois le baron qui étoit riche.

Ce mari me répugnoit, il est vrai ; mais je m'accoutumerois à lui : on s'accoutume à tout dans l'abondance, il n'y a guère de dégoût dont elle ne console.

Et puis, vous l'avouerai-je, moins à la honte de mon cœur qu'à la honte du cœur humain (car chacun a d'abord le sien, et puis un peu de celui de tout le monde); vous l'avouerai-je donc? c'est que parmi mes réflexions j'entrevis de bien loin celle-ci, qui étoit que ce mari n'avoit point de santé, comme le disoit Mme de Sainte-Hermières, et me laisseroit peut-être veuve de bonne heure. Cette idée-là ne fit qu'une apparition légère dans mon esprit; mais elle en fit une dont je ne voulus point m'apercevoir, et qui cependant contribua sans doute un peu à me déterminer.

« Eh bien, Madame, qu'on écrive donc à ma mère, dis-je tristement à Mme de Sainte-Hermières; je ferai ce qu'elle voudra. »

Le baron de Sercour rentra dans la chambre, le cœur me battit en le voyant; je ne l'avois pas encore si bien vu, je tremblai en le regardant, et je le crus déjà mon maître.

« Je vous apprends que voici votre femme, Monsieur le baron, lui dit Mme de Sainte-Hermières, et que je n'ai pas eu de peine à la résoudre. »

Là-dessus, je le saluai toute palpitante. « Elle me fait bien de l'honneur », répondit-il en me rendant mon salut avec une satisfaction qu'il modéra tant qu'il put, de crainte qu'elle ne fût immodeste, mais qui, malgré qu'il en eût, ranima ses yeux ordinairement éteints.

Il me tint ensuite quelques discours dont je ne me ressouviens plus, qui étoient fort mesurés et fort retenus, et cependant plus amoureux que galans, des discours d'un dévot qui aime.

Enfin, il fut conclu que le baron écriroit dès ce

jour-là à ma mère, que Mme de Sainte-Hermières joindroit une lettre à la sienne, et que je mettrois deux mots au bas de celle de cette dame pour marquer que j'étois d'accord de tout.

On convint aussi de tenir l'affaire secrète, et de ne la déclarer que le jour du mariage, parce que le baron avoit un neveu qui étoit son héritier et qu'il n'étoit pas nécessaire d'instruire d'avance.

Ce neveu, tout absorbé qu'il étoit, disoit-on, dans la pieté la plus profonde, avait pu cependant compter tout doucement sur la succession de son oncle, d'autant plus que les contradictions qu'il avoit essuyées de la part de son évêque, et que l'impossibilité où il s'étoit vu de s'avancer dans les ordres, l'avoient obligé de quitter le petit collet il n'y avoit que deux mois.

Ce garçon si pieux, que M. le baron ne nommoit pas, cet héritier qu'on craignoit de chagriner trop tôt, et que ce petit collet qu'on disoit qu'il n'avoit plus m'avoit d'abord fait reconnoître, c'étoit cet abbé dont j'avois délivré mon amie la religieuse.

Vous observerez que, depuis ce qui s'étoit passé entre lui et moi, il étoit venu assez souvent me voir chez M. Villot, tant pour me remercier du silence que j'avois gardé sur son aventure que pour me conjurer d'avoir toujours cette charité-là pour lui (c'étoit ainsi qu'il appeloit ma discrétion), et pour m'assurer qu'il ne pensoit plus à la religieuse; en quoi il ne me trompoit pas. Il venoit même me trouver quelquefois dans une grande allée qui étoit près de notre maison, où j'avois coutume de me promener en lisant; on nous y avoit vus plusieurs fois ensemble; on savoit qu'il venoit de temps en temps au logis, et cela ne tiroit à aucune conséquence; au contraire, on ne m'en estimoit que davantage; on le croyoit presqu'un saint.

Il y avoit alors quelque temps que je ne l'avois vu, et il vint le surlendemain du jour où tout ce que je viens de vous dire avoit été arrêté chez Mme de Sainte-Hermières.

J'étois dans notre jardin quand il arriva; et, sur la connoissance que j'avois du caractère de l'abbé, aussi bien que de la corruption de ses mœurs, qui devoit lui faire souhaiter d'être riche, je pensois au chagrin que lui feroit mon mariage avec son oncle, quand on le déclareroit. Mais il le savoit déjà.

Il falloit bien que Mme de Sainte-Hermières eût été indiscrète, et qu'elle eût confié l'affaire à quelque bonne amie, qui en eût à son tour fait confidence à quelqu'un qui l'eût dite à l'abbé.

« Bonjour, Mademoiselle, me dit-il en m'abordant; j'apprends que vous allez épouser le baron de Sercour, et je viens d'avance assurer ma tante de mes respects. »

Je rougis de ce discours, comme si j'avois eu quelque chose à me reprocher à son égard. « Je ne sais, lui répondis-je, qui vous a si bien instruit; mais on ne vous a pas trompé. Je vous dirai, au reste, que ce n'a été qu'après m'être promise à M. de Sercour que j'ai su que vous étiez son neveu, et que je ne vous aurois point fait un mystère de notre mariage s'il ne l'avoit pas exigé lui-même ; c'est lui qui a voulu qu'on l'ignorât, et le seul regret que j'aie dans cette affaire, c'est qu'elle vous prive d'une succession que je n'aurois pas songé à vous ôter. Mais mettez-vous à ma place ; je n'ai point de bien, vous le savez ; et, si j'avois refusé le baron, ma mère, qui voudroit être débarrassée de moi, ne me l'auroit jamais pardonné.

— Puisque j'avois à perdre le bien de mon oncle, me repartit-il avec un souris assez forcé, j'aime mieux que vous l'ayez qu'une autre. »

M. Villot, qui étoit dans le jardin et qui s'approcha de nous, interrompit notre conversation en saluant l'abbé, qui resta encore un quart d'heure, qui me quitta ensuite avec une tranquillité que je ne crus pas vraie, et qui, ce me semble, lui donnoit en cet instant l'air d'un fourbe ; voilà du moins comment cela me frappa, et vous verrez que j'en jugeois bien.

Il continua de me voir, et même plus fréquemment qu'à l'ordinaire ; si fréquemment que le baron, qui le sut, m'en demanda la raison. « Je n'en sais aucune, lui dis-je, si ce n'est qu'il est mon voisin, et qu'il faut qu'il passe près du logis pour aller chez Mme de Sainte-Hermières, que depuis quelque temps il va voir plus souvent que de coutume », comme il étoit vrai.

J'oublie de remarquer que ce neveu, après m'avoir fait le compliment que je vous ai dit sur mon mariage, dont il ne me parla plus, m'avoit priée de ne dire à personne qu'il en fût informé, et que je lui en avois donné ma parole; de sorte que je n'en avertis ni le baron ni Mme de Sainte-Hermières.

Vous observerez aussi que, pendant le temps que j'étois comme brouillée avec cette dame, il ne m'avoit jamais, dans nos conversations, paru faire grand cas de sa piété; non qu'il se fût expliqué là-dessus d'une manière ouverte; je n'avois démêlé ce que je dis là que par ses mines, par de certains souris, et que par son silence, quand je lui montrois mon estime ou ma vénération pour cette veuve, que je blâmois d'ailleurs du motif de son refroidissement pour moi.

Quoi qu'il en soit, cet abbé, dont la tranquillité m'avoit semblé si fausse, s'en alla chez Mme de Sainte-Hermières en me quittant, dîna chez elle, et, dans le cours de sa visite, eut des façons, lui fit des discours qui la surprirent, à ce qu'elle me confia le lendemain.

« Croiriez-vous, Madame, lui avoit-il dit, que ce qui m'a le plus coûté dans l'état ecclésiastique, où vous m'avez vu, ait été de surmonter une violente inclination que j'avois? Je puis l'avouer à présent que mon penchant n'a plus rien de répréhensible, et que la personne pour qui je le sens peut me faire la grâce de recevoir mon cœur et ma main. »

« Pendant qu'il tenoit ce discours, ajouta-t-elle, ses regards se sont tellement attachés et fixés sur moi que je n'ai pu m'empêcher de baisser les yeux. Qu'est-ce donc que cela signifie? Et à quoi songe-t-il? Quand je serois d'humeur à me remarier, ce qu'à Dieu ne plaise, ce ne seroit pas un homme de son âge que je choisirois, et il faut sans doute que j'aie mal entendu. »

Je ne sais plus ce que je lui répondis; mais cet homme, trop jeune pour devenir son mari, ne l'étoit point trop pour lui plaire. « Ne lui parlez point de ce que je vous rapporte là, me dit-elle; j'ai peut-être eu tort d'y faire attention. » Et elle n'y en fit que trop dans la suite.

Cependant on reçut des nouvelles de ma mère, qui envoyoit le consentement le plus complet, joint à la lettre du monde la plus honnête, avec une autre lettre pour Mme de Sainte-Hermières, dans laquelle il y avoit quelques lignes pour moi. De sorte qu'on alloit hâter notre mariage, quand tout fut arrêté par une maladie qui me vint, qui fut aussi longue que dangereuse, et dont je fus plus de deux mois à me rétablir.

L'abbé, pendant qu'elle dura, parut s'inquiéter extrêmement de mon état, et ne passa pas un jour sans me voir, ou sans venir savoir comment j'étois; jusque-là que le baron, à qui son neveu, devenu libre, avoit avoué qu'il se marieroit volontiers s'il trouvoit une personne qui lui convînt, s'imagina qu'il avoit des vues sur moi, et me demanda ce qui en étoit. « Non, lui repartis-je, votre neveu ne m'a jamais rien témoigné de ce que vous me dites là ; il ne s'intéresse à moi que par de simples sentimens d'estime et d'amitié » ; et c'étoit aussi ma pensée, je n'en savois pas davantage.

Enfin, je guéris, et, comme je n'allois épouser le baron que par un pur motif de raison qui me coûtoit, cela me laissoit encore un peu de tristesse qu'on prit pour un reste de foiblesse ou de langueur, et le jour de notre mariage fut fixé ; mais ce fut le baron de Sercour, et non pas Mme de Sainte-Hermières, qui me pressa de hâter ce jour-là.

Ce que je trouvai même d'assez singulier, c'est qu'elle cessa, depuis ma convalescence, de m'encourager à me donner à lui, comme elle avoit fait auparavant. Il me paroissoit, au contraire, qu'elle n'eût pas désapprouvé mes dégoûts.

« Vous êtes rêveuse, je le vois bien, me dit-elle un matin qu'elle étoit venue chez moi ; et je vous plains, je vous l'avoue. »

La veille du jour de notre mariage, elle souhaita que je vinsse passer toute la journée chez elle et que j'y couchasse.

« Ecoutez, me dit-elle sur le soir, il n'y a encore rien de fait, ouvrez-moi votre cœur. Vous sentez-vous trop combattue ? n'allons pas plus loin ; je me charge de vous excuser auprès de la marquise, n'en soyez pas en peine, et ne vous sacrifiez point. A l'égard du baron, son neveu lui par-

lera. — Est-ce que l'abbé est instruit ? lui repartis-je.
— Oui, me répondit-elle, il vient de me le dire ; il
sait tout, et j'ignore par où. — Hélas ! Madame,
repris-je, je n'ai suivi que vos conseils, il n'est plus
temps de se dédire ; ma mère, qui ne m'aime point, ne
seroit pas si traitable que vous le croyez, et nous
nous sommes trop avancés pour ne pas achever.

— N'en parlons donc plus », me dit-elle d'un
air plus chagrin que compatissant. L'abbé arriva
alors. « Vous avez, dit-on, compagnie ce soir, Madame ; mon oncle sera-t-il des vôtres, et n'y a-t-il
rien de changé ? lui dit-il. — Non ; c'est toujours
la même chose, repartit-elle. A propos, Mme de
Clarville (c'étoit une de ses amies et de celles du
baron) doit être de notre souper, elle me l'a promis ; j'ai peur qu'elle ne l'oublie, et je suis d'avis
de l'en faire ressouvenir par un petit billet. Mademoiselle, ajouta-t-elle, j'ai depuis hier une douleur dans la main ; j'aurois de la peine à tenir ma
plume : voulez-vous bien écrire pour moi ? — Volontiers, lui dis-je ; vous n'avez qu'à dicter. — Il
ne s'agit que d'un mot, reprit-elle, et le voici :

*Vous savez que je vous attends ce soir ; ne me
manquez pas.*

Je lui demandai si elle vouloit signer. « Non,
me dit-elle, il n'est pas nécessaire ; elle saura bien
ce que cela signifie. »
Aussitôt elle prit le papier. « Sonnez, Monsieur,

dit-elle à l'abbé ; il est temps qu'on le porte. Mais non, arrêtez ; vous ne souperez point avec nous, cela ne se peut pas ; je suis même d'avis que vous nous quittiez avant que le baron arrive, et vous aurez la bonté de rendre, en passant, le billet à Mme de Clarville ; vous ne vous détournerez que d'un pas.

— Donnez, Madame, répondit-il ; votre commission va être faite. » Il se leva et partit. A peine venoit-il de sortir que le baron rentra avec un de ses amis. Nous soupâmes fort tard ; Mme de Clarville, que je ne connoissois pas, ne vint point. Mme de Sainte-Hermières ne fit pas même mention d'elle Après le souper, nous entendîmes sonner onze heures.

« Mademoiselle, me dit Mme de Sainte-Hermières, il est assez tard pour une convalescente ; vous devez demain être à l'église dès cinq heures du matin, allez vous reposer. » Je n'insistai point, je pris congé de la compagnie et de M. de Sercour, qui me prit par la main et ne fit que l'approcher de sa bouche, sans la baiser.

Mme de Sainte-Hermières pâlit en m'embrassant. « Vous avez plus besoin de repos que moi », lui dis-je. Et je partis ; une de ses femmes me suivit jusqu'à ma chambre, dont la clef étoit à la porte ; elle me déshabilla en partie ; je la renvoyai avant que de me mettre au lit, et elle emporta ma clef.

Il faut vous dire que je logeois dans une aile du

château assez retirée, et qui, par un escalier dérobé, rendoit dans le jardin, d'où l'on pouvoit venir à ma chambre.

Je n'avois nulle envie de dormir, et je me mis à rêver dans un fauteuil où je m'oubliai plus d'une heure, après quoi, plus éveillée encore que je ne l'avois été d'abord, je vis des livres qui étoient sur une tablette, et j'en pris un pour me procurer un peu d'assoupissement par la lecture.

Je lus en effet plus d'une demi-heure, et jusqu'au moment où je me sentis assez fatiguée ; de sorte que j'avois déjà jeté le livre sur la table, et j'allois achever de me déshabiller pour me mettre au lit, quand j'entendis quelque bruit dans un petit cabinet attenant à ma chambre, dont la porte n'étoit même qu'un peu plus d'à moitié poussée.

Ce bruit continua ; j'en fus émue, et dans mon émotion je criai : « Qui est là ? — N'ayez point de peur, Mademoiselle », me répondit une voix que je crus reconnoître à travers la frayeur qu'elle me fit. Et aussitôt je vis paroître l'abbé, qui, d'un air riant, sortit du cabinet.

Je restai quelque temps les yeux ouverts sur lui, toute saisie et sans pouvoir lui rien dire. « Ah ! mon Dieu, que faites-vous là, Monsieur ? lui dis-je ensuite, respirant avec peine ; qui vous a mis ici ? — Ne craignez rien, me dit-il en s'asseyant hardiment à côté de moi ; je n'y suis simplement que pour y être.

— Et quel est votre dessein ? poursuivis-je d'un

ton de voix plus fort; sortez tout à l'heure »,
ajoutai-je en me levant pour ouvrir ma porte.
Mais, comme je vous l'ai dit, la femme de chambre
l'avoit fermée. Me voilà au désespoir, et je voulus
ouvrir une fenêtre pour appeler. « Non, non; je
vais me retirer dans un moment par l'escalier dérobé, me dit-il en m'arrêtant par le bras; croyez-moi, point de bruit : tout est couché, tout dort,
et, quand vos cris feroient venir du monde, tout
ce qu'on en pourra penser, c'est que j'aurai voulu
abuser du rendez-vous et de l'heure où nous
sommes; mais on n'en croira pas moins que je
suis ici de votre aveu.

— De mon aveu, méchant! Un rendez-vous!
m'écriai-je. — Oui, me dit-il, en voici la preuve;
lisez votre billet. » Il me montra celui que Mme de
Sainte-Hermières m'avoit fait écrire pour elle.

« Ah! l'indigne, l'abominable homme! Ah!
monstre que vous êtes! lui dis-je en retombant
dans mon fauteuil. Ah! mon Dieu! »

Ma surprise et mes pleurs me coupèrent alors la
parole; je fondis en larmes; je me débattois comme
une égarée dans mon fauteuil.

Il vit mon état sans s'émouvoir et avec la tranquillité d'un scélérat. Je fus tentée de me jeter sur
lui, de le déchirer si j'avois pu; et puis tout à coup,
par un autre mouvement, je tombai à ses genoux.
« Ah! Monsieur, lui dis-je, Monsieur, pourquoi
me perdez-vous? Que vous ai-je fait? Souvenez-vous de l'estime qu'on a pour vous, souvenez-vous

du service que je vous ai rendu ; je me suis tue, je me tairai toute ma vie. »

Il me releva, toujours avec le même sang-froid. « Quand vous ne vous tairiez pas, vous n'en serez point crue ; vous passeriez pour une jalouse, me répondit-il, et vous ne pouvez plus me faire tort. Calmez-vous, tout ceci va finir, et je vous sers ; je ne veux que vous délivrer d'un mariage qui vous répugne à vous-même, et qui alloit me ruiner ; voilà tout. »

Pendant qu'il me tenoit ce discours, j'entendis la voix de plusieurs personnes. On ouvrit subitement ma porte, et le premier objet qui me frappa, ce fut M. le baron de Sercour, accompagné de Mme de Sainte-Hermières, tous deux suivis de cet ami qui avoit soupé avec nous et qui tenoit une épée nue, et de trois ou quatre domestiques de la maison qui étoient armés.

Le baron et son ami avoient couché au château. Mme de Sainte-Hermières les avoit retenus sous prétexte qu'ils seroient le lendemain plus près de l'église, où l'on devoit se rendre de très bon matin ; et cette dame avoit ordonné qu'on les éveillât tous deux, leur avoit fait dire qu'on l'avoit réveillée elle-même, pour l'avertir qu'il y avoit du bruit dans ma chambre, qu'on y entendoit différentes voix, qu'à la vérité je ne criois point, mais qu'on présumoit ou qu'on m'en empêchoit ou que je n'osois crier, qu'il y avoit apparence que c'étoient des voleurs, et qu'elle conjuroit ces messieurs de venir à mon secours et au sien, avec ses gens qui étoient tous levés.

Voilà pourquoi je les vis tous armés quand ils ouvrirent ma porte.

L'abbé, qui savoit bien ce qui arriveroit, venoit de me remettre dans mon fauteuil, et me tenoit encore une main quand ils parurent.

Je me retournai avec cet air de désolation que j'avois et le visage tout baigné de pleurs.

A cette apparition, je fis un cri de douleur, qu'on dut attribuer à la confusion que j'avois de me voir surprise avec l'abbé. Ajoutez à cela que mes larmes déposoient encore contre moi : car, puisque je n'avois appelé personne, d'où pouvoient-elles venir dans les conjonctures où j'étois, que de l'affliction d'une amante qui va se séparer de ce qu'elle aime?

Je me souviens que l'abbé se leva lui-même d'un air assez honteux.

« Quoi! vous, Mademoiselle! Vous que j'ai crue si vertueuse! Ah! Madame, à qui se fiera-t-on? » dit alors M. de Sercour.

Il me fut impossible de répondre, mes sanglots me suffoquoient. « Pardonnez-moi le chagrin que je vous donne, Monsieur, lui dit alors l'abbé; ce n'est que depuis trois ou quatre jours que je sais l'intérêt que vous prenez à mademoiselle, et la nécessité où elle est, dit-elle, de vous épouser. Dans le trouble où la jetoit ce mariage, elle a souhaité de me voir encore une fois, et c'est une consolation que je n'ai pu lui refuser. J'ai cédé à ses instances, à ses chagrins, au billet que voici, ajouta-t-il en lui faisant lire le peu de mots qu'il contenoit ; enfin, Monsieur, elle pleuroit, elle pleure encore, elle est aimable, et je ne suis qu'un homme.

— Quoi ! ce billet !... » m'écriai-je alors. Et je m'arrêtai là ; je n'eus pas la force de continuer, je demeurai sans sentiment dans mon fauteuil.

L'abbé s'éclipsa ; il fallut emporter M. de Sercour, qui, me dit-on, se trouva mal aussi, et qui ensuite voulut absolument s'en retourner chez lui.

A mon égard, revenue à moi par les soins de la complice de l'abbé (je parle de Mme de Sainte-Hermières, dont vous avez déjà dû entrevoir la perfidie, et qui se retira dès que je commençai à ouvrir les yeux), en vain demandai-je à lui parler ; elle ne revint point, je ne vis que ses femmes. La fièvre me reprit, et l'on me transporta dès six heures du matin chez M. Villot, encore plus désespérée que malade.

Vous jugez bien que mon aventure éclata de toutes parts de la manière du monde la plus cruelle pour moi ; en un mot, elle me déshonora, c'est tout dire.

M. le baron et Mme de Sainte-Hermières l'écrivirent à ma mère, en lui renvoyant son consentement à notre mariage. Quant au scélérat d'abbé, cette dame, quelques jours après, sut si bien l'excuser auprès de son oncle qu'elle le réconcilia avec lui.

Ce dernier, qui m'aimoit, me déchira si chrétiennement, et gémit de mon prétendu désordre avec des expressions si intéressantes, si malignes et si pieuses, qu'on ne sortoit d'auprès de lui que la larme à l'œil sur mon égarement ; pendant que, flétrie et perdue dans l'esprit de tout le monde, je passai près de trois semaines à lutter contre la mort, et sans autre ressource, pour ainsi dire, que la charité de M. et Mme Villot, qui me secoururent avec tout le soin imaginable, malgré l'abandon où ma mère, dans sa fureur, leur annonça qu'elle alloit me laisser. Ces bonnes gens furent les seuls qui résistèrent au torrent de l'opprobre où je tombai ; non qu'ils me crussent absolument innocente, mais jamais il n'y eut moyen de leur persuader que je fusse aussi coupable qu'on le supposoit.

Cependant ma fièvre cessa, et ma première attention, dès que je me vis en état de m'expliquer, ce fut de leur raconter tout ce que je savois de mon histoire, et de leur dire les justes soupçons que j'avois que Mme de Sainte-Hermières étoit de moitié avec le neveu qu'ils croyoient un homme de bien, et que je crus devoir démasquer, en leur confiant, sous le sceau du secret, l'aventure de ce misérable avec la religieuse.

Il n'en fallut pas davantage pour achever de les désabuser sur mon compte, et dès cet instant ils ne cessèrent de soutenir partout avec courage que le public étoit trompé, qu'on jugeoit mal de moi, qu'on le verroit peut-être quelque jour (et ils prophétisoient); qu'il étoit faux que l'abbé fût mon amant, ni qu'il eût jamais osé me parler d'amour; qu'à la vérité il étoit question d'un fait incompréhensible, et qui mettoit l'apparence contre moi; mais que je n'y avois point d'autre part que d'en avoir été la victime.

Ils avoient beau dire, on se moquoit d'eux, et je passai trois mois dans le désespoir de cet état-là.

Je voulus d'abord paroître pour me justifier, dès que je pus sortir; mais on me fuyoit; il étoit défendu à mes compagnes de m'approcher, et je pris le parti de ne plus me montrer.

Confinée dans ma chambre, toujours noyée dans les pleurs, méconnoissable à force d'être changée, j'implorois le Ciel, et j'attendois qu'il eût pitié de moi, sans oser l'espérer.

Il m'exauça cependant, et fit la grâce à Mme de Sainte-Hermières de la punir pour la sauver.

Elle étoit allée rendre visite à une de ses amies; il avoit plu beaucoup la veille; les chemins étoient rompus, et son carrosse versa dans un profond et large fossé, dont on ne la retira qu'évanouie et à moitié brisée. On la reporta chez elle; la fièvre se joignit à cet accident qui avoit été précédé d'un peu d'indisposition, et elle fut si mal qu'on crut qu'elle n'en réchapperoit pas.

Un ou deux jours avant qu'on désespérât d'elle, une de ses femmes, qui étoit mariée, près d'accoucher, qui souffroit beaucoup, et qui se vit en danger de mourir, dans la peur qu'elle en eut, se crut obligée de révéler une chose qui me concernoit et qui chargeoit sa conscience.

Elle déclara donc, en présence de témoins, que, la veille de mon mariage avec M. de Sercour, l'abbé lui avoit fait présent d'une assez jolie bague pour l'engager à l'introduire sur le soir dans le cabinet de la chambre où je devois coucher.

« Je répondis d'abord que j'y consentois, raconta-t-elle, à condition que Mlle de Tervire en fût d'accord, et que je l'en avertirois. Là-dessus il me pria instamment de n'en rien faire, et, après m'avoir demandé le secret : « N'est-il pas cruel, me
« dit-il, que mon oncle, tout moribond qu'il est,
« épouse demain Mlle de Tervire, pour la laisser
« veuve au bout de six mois peut-être, et maîtresse
« d'une succession qui m'appartient comme à son
« héritier naturel? Mon projet est donc de le dé-
« tourner de ce mariage, qui m'enlève un bien dont
« je ferai sûrement un meilleur et plus digne usage
« que cette petite coquette qui le dépenseroit en
« vanités. Vous y gagnerez vous-même; et voici
« toujours, avec la bague, un billet de mille écus
« que je vous donne, et qui, en attendant mieux,
« vous sera payé dès que le baron aura les yeux
« fermés. Il n'est question que de me cacher ce
« soir, pendant qu'on soupera, dans le cabinet
« de la chambre où Mlle de Tervire couchera, et
« une heure après, c'est-à-dire entre minuit et une
« heure, d'aller dire à Mme de Sainte-Hermières
« qu'on entend du bruit dans cette chambre afin

« qu'elle y vienne avec le baron, qui, me trouvant
« là avec la jeune personne, ne doutera pas que
« nous ne nous aimions tous deux, et renoncera à
« l'épouser. Voilà tout. »

« La bague et le billet me tentèrent, je le con-
fesse, ajouta la femme de chambre; je me rendis.
Je l'introduisis dans le cabinet; et non seulement
le mariage en a été rompu, mais ce que je me reproche le plus, et ce qui m'oblige à une réparation
éclatante, c'est le tort que j'ai fait par là à Mlle de
Tervire, dont la réputation en a tant souffert, et à
qui je vous prie tous de demander pardon pour
moi. »

Les témoins de cette scène la répandirent partout, et, quand il n'en seroit pas arrivé davantage,
c'en étoit assez pour me justifier; mais il restoit
encore une coupable à qui Dieu, dans sa miséri-
corde, vouloit accorder le repentir de son crime.

Je parle de Mme de Sainte-Hermières, qui, le
lendemain même de ce que je viens de vous
dire, et en présence de sa famille, de ses amis, et
d'un ecclésiastique qui l'avoit assistée, remit un paquet cacheté et écrit de sa main à M. Villot,
qu'elle avoit envoyé chercher. Elle le chargea de
l'ouvrir, d'en publier, d'en montrer le contenu
avant ou après sa mort, comme il lui plairoit, et
finit enfin par lui dire : « J'aurois volontiers fait
presser Mlle de Tervire de venir ici; mais je ne
mérite pas de la voir; c'est bien assez qu'elle ait la
charité de prier Dieu pour moi. Adieu, Monsieur,

retournez chez vous, et ouvrez ensemble ce paquet qui la consolera. » M. Villot sortit en effet, et revint vite au logis, où, conformément à la volonté de cette dame, nous lûmes le papier qui avoit laissé pour le moins autant de curiosité que d'étonnement à ceux qui avoient entendu ce que Mme de Sainte-Hermières avoit dit en le remettant à M. Villot ; et voici à peu près et en peu de mots ce qu'il contenoit :

Prête à paroître devant Dieu et à lui rendre compte de mes actions, je déclare à M. le baron de Sercour qu'il ne doit rien imputer à Mlle de Tervire de l'aventure qui s'est passée chez moi et qui a rompu son mariage avec elle. C'est moi et une autre personne (qu'elle ne nommoit point) *qui avons faussement supposé qu'elle avoit de l'inclination pour le neveu de M. le baron. Ce rendez-vous que nous avons dit qu'elle lui avoit donné la nuit dans sa chambre ne fut qu'un complot concerté entre cette autre personne et moi, pour la brouiller avec M. de Sercour. Je meurs pénétrée de la plus parfaite estime pour la vertu de Mlle de Tervire, à qui je n'ai nui que dans la crainte du tort que cette autre personne menaçoit de me faire à moi-même, si j'avois refusé d'être complice.*

Il me seroit impossible de vous exprimer tout ce que cet écrit me donna de consolation, de calme et de joie ; vous en jugerez par l'excès de l'infortune où j'avois langui.

M. Villot alla sur-le-champ lire et montrer ce papier partout, et d'abord à M. de Sercour, qui partit aussitôt pour venir me voir et me faire des excuses.

Enfin tout le monde revint à moi ; les visites ne finissoient point ; c'étoit à qui me verroit, à qui m'auroit, à qui m'accableroit de caresses, de témoignages d'estime et d'amitié. Tous ceux qui avoient connu ma mère lui écrivirent ; et l'abbé, devenu à son tour l'exécration du public aussi bien que de son oncle, se vit forcé de sortir du pays, et de fuir à trente lieues de là dans une assez grosse ville, où deux ans après on apprit que sa mauvaise conduite et ses dettes l'avoient fait mettre en prison, où il finit ses jours.

La femme de chambre de Mme de Sainte-Hermières ne mourut point. Cette dame elle-même survécut à son écrit, qui m'avoit si bien justifiée, et se retira dans une petite terre écartée, où elle vivoit encore quand je sortis du pays. Le baron de Sercour, que je traitai toujours poliment partout où je le rencontrai, voulut renouer avec moi, et proposa de conclure le mariage ; mais je ne pus plus m'y résoudre, il m'avoit trop peu ménagée.

J'avois alors dix-sept ans et demi, quand une dame que je n'avois jamais vue, et qui étoit extrêmement âgée, arriva dans le pays ; il y avoit au moins cinquante-cinq ans qu'elle l'avoit quitté, et elle y revenoit, disoit-elle, pour y revoir sa famille et pour y finir ses jours.

Cette dame étoit une sœur de feu M. de Tervire, mon grand-père, qu'un jeune et riche négociant avoit épousée dans notre province, où quelques affaires l'avoient amené. Il y avoit bien trente-cinq ans qu'elle étoit veuve, et il ne lui étoit resté qu'un fils, qui pouvoit bien en avoir quarante. Je ne saurois me dispenser d'entrer dans ce détail, puisqu'il doit servir à vous éclaircir ce que vous allez entendre, et que c'est d'ici que les plus importantes aventures de ma vie vont tirer leur origine.

Vous m'avez vue rejetée de ma mère dans mon enfance, manquant d'asile et maltraitée de mes tantes dans mon adolescence, réduite enfin à me réfugier dans la maison d'un paysan (car mon fermier en étoit un), qui me garda cinq années entières, à qui j'aurois été à charge par la médiocrité de ma pension, chez qui même je n'aurois pas eu le plus souvent de quoi me vêtir sans son amitié pour moi et sans sa reconnoissance pour mon grand-père.

Me voici à présent parvenue à l'âge de la jeunesse; voyons les événemens qui m'y attendent.

Cette dame dont je viens de vous parler, ne sachant plus où se loger en arrivant, ni qui pourroit la recevoir depuis la mort de mon grand-père, s'étoit arrêtée dans la ville la plus prochaine, et de là avoit envoyé au château de Tervire, tant pour savoir par qui il étoit occupé que pour avoir des nouvelles de la famille.

On y trouva Tervire, ce frère cadet de mon père, qui, depuis deux ou trois jours, y étoit arrivé de Bourgogne, où il vivoit avec sa femme, dont je ne vous ai rien dit et qui y avoit ses biens, et où le peu d'accueil qu'on avoit toujours fait à ce cadet dans nos cantons, depuis le désastre de son aîné, l'avoit comme obligé de se retirer.

Je vous ai déjà fait observer que la dame en question avoit un fils; il faut que vous sachiez encore que ce fils, à qui, comme à un riche héritier, elle avoit donné toute l'éducation possible, et que dans sa jeunesse elle avoit envoyé à Saint-Malo pour y régler quelques restes d'affaires, y étoit devenu amoureux de la fille d'un petit artisan, fort vertueuse et fort raisonnable, disoit-on, mais qui avoit une sœur qui ne lui ressembloit pas, une malheureuse aînée qui n'avoit de commun avec elle que la beauté, et, qui pis est, dont la conduite avoit personnellement déshonoré le père et la mère qui la souffroient.

Son autre sœur, malgré cet opprobre de sa famille, n'en étoit pas moins estimée, quoique la plus belle, et ce ne pouvoit être là que l'effet d'une sagesse bien prouvée et bien exempte de reproche.

Quoi qu'il en soit, le fils de Mme Dursan (c'étoit le nom de la dame dont il s'agit), éperdu d'amour pour cette aimable fille, fit, à son retour de Saint-Malo, tout ce qu'il put auprès de sa mère pour obtenir la permission d'épouser sa maîtresse.

Mme Dursan, que quelques amis avoient informée de tout ce que je viens de vous dire, frémit d'indignation aux instances de son fils, s'emporta contre lui, l'appela le plus lâche de tous les hommes, s'il persistoit dans son dessein qu'elle traitoit d'horrible et d'infâme.

Son fils, après quelques autres tentatives qui furent encore plus mal reçues, bien convaincu à la fin de l'impossibilité de gagner sa mère, acheva sans bruit de perdre le peu de raison que l'espérance de réussir lui avoit laissée, ferma les yeux sur tout ce qu'il alloit sacrifier à sa passion, et résolut froidement sa ruine.

Il trouva le moyen de voler vingt mille francs à sa mère, partit pour Saint-Malo, rejoignit sa maîtresse, qu'il abusa par un consentement qui paroissoit être de sa mère dont il avoit contrefait l'écriture, eut le temps de l'épouser avant que Mme Dursan, qui s'aperçut trop tard de son vol, pût y mettre obstacle, et la força ensuite de se sauver avec lui, pour échapper aux poursuites de sa mère, après lui avoir avoué qu'il l'avoit trompée.

Trois ou quatre ans après, il avoit écrit deux ou trois fois de suite à Mme Dursan, qui, pour toute réponse au repentir qu'il marquoit avoir de sa faute, lui fit mander à son tour qu'elle ne vouloit plus entendre parler de lui, et qu'elle n'avoit que sa malédiction à lui donner.

Dursan, qui connoissoit sa mère et qui se jugeoit lui-même indigne de pardon, désespéra de la faire changer de sentiment, et cessa de la fatiguer de ses lettres.

Son mariage auroit sans doute été déclaré nul s'il avoit voulu ; son âge, l'extrême inégalité des conditions, l'infamie de ces petites gens avec lesquels il s'étoit allié, le crédit et les richesses de sa mère, tout étoit pour lui, tout l'auroit aidé à se tirer d'affaire, s'il avoit seulement commencé par se séparer de cette fille ; et quelques personnes, à qui il avoit d'abord confié le lieu de sa retraite, le lui proposèrent deux ou trois mois après son évasion, persuadées qu'il n'y répugneroit pas, d'autant plus qu'il sentoit alors tout le tort qu'il s'étoit fait. Quelle apparence d'ailleurs qu'après ses extravagances passées, qui montroient si peu de cœur, il fût de caractère à s'effrayer d'une mauvaise action de plus ? Celle-ci l'arrêta cependant. On ne connoît rien aux hommes ; et cet insensé, qui s'étoit si peu soucié de ce qu'il se devoit à lui-même, qui n'avoit pas hésité d'être si lâche à ses dépens, refusa tout net de l'être aux dépens de sa femme pour qui sa passion étoit déjà éteinte. De sorte que tout le monde l'abandonna, et il y avoit plus de dix-sept ans qu'on ne savoit ce qu'il étoit devenu.

Tervire le cadet, qui avoit autrefois été instruit d'une partie de ce que je vous dis là, par son père à qui Mme Dursan l'avoit écrit, présuma que son fils étoit mort, puisqu'elle revenoit finir ses jours dans sa patrie, ou du moins se flatta qu'il ne se seroit pas réconcilié avec elle, et qu'en cultivant ses bonnes grâces il pourroit encore être substitué à la place de ce fils, comme il l'avoit été à celle de mon père.

Plein de cette espérance flatteuse et déjà tout ému de convoitise, le voilà qui part pour aller trouver sa tante, et qui, dans sa petite tête (car il avoit peu d'esprit), projette en chemin les moyens d'envahir la succession ; moyens aussi sots que lui, et qui se terminèrent, comme on en a jugé depuis, à prodiguer les respects, les airs d'attachement, les complaisances et toutes sortes de finesses de cette espèce. Ce fut là tout ce qu'il put imaginer de plus adroit.

Mais malheureusement pour lui il avoit affaire à une femme de bon sens, d'un caractère simple et tout uni, que ses façons choquèrent, qui comprit tout d'un coup à quoi elles tendoient, et qu'elles dégoûtèrent de lui.

Il lui offrit son château, qu'elle refusa ; mais, comme il ne l'habitoit point, qu'il avoit fixé sa demeure ailleurs et bien loin de là, qu'elle y avoit été élevée, elle s'offrit de l'acheter avec la terre de Tervire.

Il ne demandoit pas mieux que de s'en défaire, et un autre que lui en auroit généreusement laissé le marché à la discrétion d'une tante aussi riche, aussi âgée, dont il pouvoit même arriver qu'il héritât : c'eût été là sûrement une marque de zèle et de désintéressement bien entendue ; mais les petites âmes ne se fient à rien ; il ne s'étoit préparé qu'à des respects sans conséquence. Il étoit d'ailleurs tenté du plaisir présent de vendre bien cher ; et ce neveu, par pure avarice, oublia les intérêts de son avarice même.

Il céda son château, après avoir honteusement chicané sur le prix avec Mme Dursan, qui l'acheta plus qu'il ne valoit, mais qui en avoit envie, et qui le lui paya sur-le-champ.

Tout l'avantage qu'elle eut dans cette occasion par-dessus une étrangère, ce fut d'être rançonnée avec des révérences, avec des tons doux et respectueux, à la faveur desquels il croyoit habilement tenir bon sur le marché, sans qu'elle y prît garde.

Dès le lendemain, elle alla loger dans le château, qu'elle le pria sans façon de lui laisser libre le plus tôt qu'il pourroit, et dont il sortit huit jours après pour s'en retourner chez lui, fort honteux du peu de succès de ses respects et de ses courbettes, dont il vit bien qu'elle avoit deviné les motifs, et qui n'avoient servi qu'à la faire rire ; sans compter encore le chagrin qu'il eut de me laisser dans le château, où le bonhomme Villot, qui connoissoit cette dame, m'avoit amenée depuis cinq ou six jours, et où je plaisois ; où mes façons ingénues réussissoient auprès de Mme Dursan, qui commençoit à m'aimer, qui me caressoit, à qui je m'accoutumois insensiblement, que je trouvois en effet bonne et franche, avec qui j'étois le lendemain plus à mon aise et plus libre que la veille, qui de son côté prenoit plaisir à voir qu'elle me gagnoit le cœur, et qui, pour surcroît de bonne fortune pour moi, avoit retrouvé au château un portrait qu'on avoit fait d'elle dans sa jeunesse, à qui il est vrai que je ressemblois beaucoup, qu'elle avoit mis dans sa chambre et qu'elle montroit à tout le monde.

Comme on m'appeloit communément la belle Tervire, il s'ensuivoit de ma ressemblance avec le portrait de Mme Dursan qu'on ne pouvoit louer les grâces que j'avois sans louer celles qu'elle avoit eues. Je ne faisois point d'impression qu'elle n'eût faite ; elle auroit inspiré tout ce que j'inspirois ; c'eût été la même chose, témoin le portrait ; et cela la réjouissoit encore, toute vieille qu'elle étoit : l'amour-propre tire parti de tout, il prend ce qu'il peut, suivant l'âge et l'état où nous sommes ; et vous jugez bien que je n'y perdois pas, moi, à lui faire tant d'honneur et à me montrer ainsi ce qu'elle avoit été.

Voilà donc dans quelles circonstances Tervire repartit pour la Bourgogne.

M. Villot, qui croyoit ne m'avoir laissée au château que pour une semaine ou deux, revint me chercher le lendemain du départ de mon oncle ; mais Mme Dursan, qui ne m'avoit retenue aussi que pour quelques jours, n'étoit plus d'avis que je la quittasse.

« Parle donc, ma petite, me dit-elle en me prenant à part, t'ennuies-tu ici ? — Non vraiment, ma tante, répondis-je ; mais, en revanche, je pourrai bien m'ennuyer ailleurs. — Eh bien, reste, reprit-elle ; tu seras chez moi encore plus honnêtement que chez Villot, je pense.

— C'est ce qui me semble, lui dis-je en riant.
— J'écrirai donc demain à ta mère que je te garde, ajouta-t-elle ; entre nous, tu n'étois pas là dans une maison convenable à une fille née ce que tu es. Mlle de Tervire en pension chez un fermier ! voilà qui est joli ! — Plus joli que d'être la pensionnaire d'un pauvre vigneron, comme j'ai pensé l'être, ma tante, lui repartis-je toujours en badinant.

— Je le sais bien, ma petite, me répondit-elle ; on me conta avant-hier toute ton histoire, et l'obligation que tu as au bonhomme Villot, que j'estime aussi bien que sa femme ; je suis instruite de tout ce qui te regarde, et je ne dis rien de ta mère ; mais tu as de fort aimables tantes ! Quelle parenté ! Elles sont venues me voir, et je leur rendrai leur visite ; il le faudra bien. Tu seras avec moi ; c'est un plaisir que je veux me donner. »

Mon fermier entra pendant qu'elle me tenoit ce discours. « Venez, Monsieur Villot, lui cria-t-elle ; je parlois de vous tout à l'heure ; vous veniez pour emmener Tervire, mais je la retiens ; vous me la cédez volontiers, n'est-ce pas ? et je manderai à la marquise qu'elle est chez moi. Combien vous est-il dû pour elle ? Dites. Je vous payerai sur-le-champ.

— Eh ! mon Dieu, Madame, cette affaire-là ne presse pas, reprit M. Villot. Pour ce qui est de notre jeune maîtresse, il est juste que vous l'ayez, puisque vous la voulez, je ne saurois dire non; et dans le fond j'en suis bien aise à cause d'elle, qui sera avec sa bonne tante; mais cela n'empêchera pas que je m'en retourne triste; et nous allons être bien étonnés, Mme Villot et moi, de ne la plus voir dans la maison : car, sauf votre respect, nous l'aimions comme notre enfant; et nous l'aimerons toujours de même, ajouta-t-il presque la larme à l'œil. — Et votre enfant vous le rend bien, lui répondis-je aussi tout attendrie.

— Vous ne la perdez pas, vous la reviendrez voir quand il vous plaira, dit Mme Dursan que notre attendrissement touchoit à son tour.

— Nous profiterons de la permission », répondit M. Villot, que j'embrassai sans façon et de tout mon cœur, et que je chargeai de mille amitiés pour sa femme, que je promis d'aller voir le lendemain; après quoi il partit.

DIXIÈME PARTIE

Vous reçûtes hier la neuvième partie de mon histoire, et je vous envoie aujourd'hui la dixième; on ne sauroit guère aller plus vite. Je prévois, malgré cela, que vous ne me tiendrez pas grand compte de ma diligence; j'avoue moi-même que je n'ai pas le droit de la vanter. J'ai été jusqu'ici si paresseuse qu'elle ne signifie pas encore que je me corrige; elle a plus l'air d'un caprice qui me prend que d'une vertu que j'acquiers, n'est-il pas vrai? Je suis sûre que c'est là votre pensée. Patience, vous me faites une injustice, Madame; mais vous n'êtes pas encore obligée de le savoir; c'est à moi dans la suite à vous l'apprendre, et à mériter que vous m'en fassiez réparation. Poursuivons; c'est toujours mon amie la religieuse qui parle, et qui est revenue sur le soir dans ma chambre où je l'attendois.

« Vous vous ressouvenez bien, reprit-elle, que je suis chez Mme Dursan, qui me prodiguoit tout ce qui sert à l'entretien d'une fille; de sorte qu'il ne tint qu'à ma mère de m'aimer beaucoup, si, pour obtenir son amitié, je n'avois qu'à ne lui être point à charge, et qu'à lui laisser tout doucement oublier que j'étois sa fille.

Aussi l'oublia-t-elle si bien qu'il y avoit quatre ans qu'il ne nous étoit venu de ses nouvelles, quand je perdis Mme Dursan, avec qui je n'avois vécu que cinq ou six ans; et je les passai d'une manière si tranquille et si uniforme que ce n'est pas la peine de m'y arrêter.

Je vous ai déjà dit qu'on m'appeloit la belle Tervire : car, dans chaque petit canton de la province, il y a presque toujours quelque personne de notre sexe qui est la beauté du pays, celle, pour ainsi dire, dont le pays se fait fort.

Or, c'étoit moi qui avois cette distinction-là, que je n'ai pas portée ailleurs, et qui alors m'attiroit quantité d'amans campagnards, dont je ne me souciois guère, mais qui servoient à montrer que j'étois la belle par excellence, et c'étoit là tout ce qui m'en plaisoit.

Non que j'en devinsse plus glorieuse avec mes compagnes; je n'étois pas de cette humeur-là; elles ont pu souvent n'être pas contentes de ma figure qui triomphoit de la leur, mais jamais elles n'ont eu à se plaindre de moi ni de mes façons; jamais ma vanité ne triomphoit d'elles; au contraire, j'ignorois autant que je pouvois les préférences qu'on me donnoit, je les écartois, je ne les voyois point, je passois pour ne les point voir; je souffrois même pour mes compagnes qui les voyoient, quoique je fusse bien aise que les autres les vissent; c'est une puérilité dont je me souviens encore; mais, comme il n'y avoit que moi qui la savois, que mes amies ne me croyoient pas instruite de mes avantages, cela les adoucissoit; c'étoit autant de rabattu sur leur mortification, et nous n'en vivions pas plus mal ensemble.

Tout le monde m'aimoit, au reste. « Elle est plus aimable qu'une autre, disoit-on, et il n'y a qu'elle qui ne s'en doute pas. » On ne parloit que de cela à Mme Dursan; partout où nous allions, on ne l'entretenoit de moi que pour me louer, et on témoignoit que c'étoit de bonne foi par l'accueil et par les caresses qu'on me faisoit.

Il est vrai que j'étois née douce, et qu'avec le caractère que j'avois rien ne m'auroit plus inquiétée que de me sentir mal dans l'esprit de quelqu'un.

Mme Dursan, que j'aimois de tout mon cœur, et qui en étoit convaincue, recueilloit de son côté tout le bien qu'on lui disoit de moi, en concluoit qu'elle avoit raison de m'aimer, et ne le concluoit qu'en m'aimant tous les jours davantage.

Depuis que j'étois avec elle, je ne l'avois jamais vue qu'en parfaite santé; mais, comme elle étoit d'un âge très avancé, insensiblement cette santé s'altéra. Mme Dursan, jusque-là si active, devint infirme et pesante; elle se plaignit que sa vue baissoit; d'autres accidens de la même nature survinrent; nous ne sortions presque plus du château, c'étoient toujours de nouvelles indispositions; et elle en eut une, entre autres, qui parut lui annoncer une fin si prochaine qu'elle fit son testament sans me le dire.

J'étois alors dans ma chambre, où il n'y avoit qu'une heure que je m'étois retirée pour me livrer à toute l'inquiétude et à toute l'agitation d'esprit que me causoit son état.

J'avois pris tant d'attachement pour elle, et je tenois si fort à la tendresse qu'elle avoit pour moi, que la tête me tournoit quand je pensois qu'elle pouvoit mourir.

Aussi, depuis quelques jours, étois-je moi-même extrêmement changée. De peur de l'effrayer cependant, je paroissois tranquille et tâchois de montrer un peu de ma gaieté ordinaire.

Mais en pareil cas on rit de si mauvaise grâce, on imite si mal et si tristement ce qu'on ne sent point! Mme Dursan ne s'y trompoit pas, et sourioit tendrement en me regardant comme pour me remercier de mes efforts.

Elle venoit donc d'écrire son testament, quand je quittai ma chambre pour la rejoindre. J'avois pleuré, et il reste toujours quelque petite impression de cela sur le visage.

« D'où viens-tu, ma nièce? me dit-elle; tu as les yeux bien rouges? — Je ne sais, lui répondis-je; c'est peut-être de ce que je me suis assoupie un quart d'heure. — Non, tu n'as pas l'air d'avoir

dormi, reprit-elle en secouant la tête ; tu as pleuré.
— Moi, ma tante ! de quoi voulez-vous que je pleure ? m'écriai-je avec cet air dégagé que j'affectois. — De mon âge et de mes infirmités, me dit-elle en souriant. — Comment ! de vos infirmités ! Pensez-vous qu'un petit dérangement de santé qui se passera me fasse peur, avec le tempérament que vous avez ? lui répondis-je d'un ton qui alloit me trahir si je ne m'étois pas arrêtée.
— Je suis mieux aujourd'hui ; mais on n'est pas éternelle, mon enfant, et il y a longtemps que je vis, me dit-elle en cachetant un paquet.
— A qui écrivez-vous donc, Madame ? lui dis-je sans répondre à sa réflexion. — A personne, reprit-elle ; ce sont des mesures que je viens de prendre pour toi. Je n'ai plus de fils ; depuis près de vingt ans qu'on n'a entendu parler du mien, je le crois mort ; et, quand il vivroit, ce seroit la même chose pour moi ; non que j'aie encore aucun ressentiment contre lui : s'il vit, je prie Dieu de le bénir et de le rendre honnête homme ; mais ni l'honneur de la famille, ni la religion, ni les bonnes mœurs qu'il a violées, ne me permettent pas de lui laisser mon bien. »
Je voulus l'interrompre ici pour essayer de l'attendrir sur ce malheureux fils ; mais elle ne m'écouta point.
« Tais-toi, me dit-elle, mon parti est pris. Ce n'est pas par humeur que je suis inflexible ; il n'est pas question ici de bonté, mais d'une indulgence

folle et criminelle qui nuiroit à l'ordre et à la justice humaine et divine. L'action de Dursan fut affreuse; le misérable ne respecta rien; et tu veux que je donne un exemple d'impunité, qui seroit peut-être funeste à ton fils même, si jamais tu en as un! Si le mien, comme a fait autrefois ton père, qui fut traité avec trop de rigueur, s'étoit marié, je ne dis pas à une fille de condition, mais du moins de bonne famille, ou simplement de famille honnête, quoique pauvre, en vérité, je me serois rendue; je n'aurois pas regardé au bien, et je ne serois pas aujourd'hui à lui faire grâce; mais épouser une fille de la lie du peuple, et d'une famille connue pour infâme parmi le peuple! je n'y saurois penser qu'avec horreur. Revenons à ce que je disois.

« Il ne me reste pour tout héritier que ton oncle Tervire, qui étoit déjà assez riche, et qui l'est de ton bien; il a profité durement du malheur de ton père, m'a-t-on dit; il ne l'a jamais ni consolé ni secouru. Il se réjouiroit encore du malheur de mon fils et du sujet de mes larmes; ainsi je ne veux point de lui; il jouit d'ailleurs de l'héritage de tes pères, et n'en prend pas plus d'intérêt à ton sort. Je songe aussi que tu n'as pas grand secours à attendre de ta mère; tu mérites une meilleure situation que celle où tu resterois, et ma succession servira du moins à faire la fortune d'une nièce que j'aime, dont je vois bien que je suis aimée, qui craint de me perdre, qui me regrettera, j'en suis sûre, toute mon héritière qu'elle sera, et que mon fils, qui peut n'être pas mort, ne trouvera pas sans pitié pour lui dans la misère où il est peut-être ; ta reconnoissance est une ressource que je lui laisse. Voilà, ma fille, de quoi il est question dans le papier cacheté que tu vois ; j'ai cru devoir me hâter de l'écrire, et je t'y donne tout ce que je possède. »

Je ne lui répondis que par un torrent de larmes. Ce discours, qui m'offroit partout l'image de sa mort, m'attendrit et m'effraya tant qu'il me fut impossible de prononcer un mot ; il me sembla qu'elle alloit mourir, qu'elle me disoit un éternel adieu, et jamais sa vie ne m'avoit été si chère.

Elle comprit le sujet de mon saisissement et de mes pleurs ; je m'étois assise ; elle se leva pour s'approcher de moi, et, me prenant la main : « Tu m'aimerois encore mieux que ma succession, n'est-il pas vrai, ma fille ? Mais ne t'alarme point, me dit-elle ; ce n'est qu'une précaution que j'ai prise. — Non, Madame, lui dis-je en faisant un effort, votre fils n'est pas mort, et vous le reverrez, je l'espère. »

En cet instant, nous entendîmes quelque bruit dans la salle. C'étoient deux dames d'un château voisin, qui venoient voir Mme Dursan ; et je me sauvai pour n'être point vue dans l'état où j'étois.

Il fallut cependant me montrer un quart d'heure après. Elles venoient inviter Mme Dursan à une partie de pêche qui se faisoit le lendemain chez elles, et, comme elle s'en excusa sur ses indispositions, elles la prièrent du moins de vouloir bien m'y envoyer, et tout de suite demandèrent à me voir.

Mme Dursan, qui leur promit que j'y viendrois, me fit avertir, et je fus obligée de paroître.

Ces deux dames, toutes deux encore jeunes, dont l'une étoit fille et l'autre mariée, étoient aussi de toutes nos amies celles avec qui je me plaisois le plus, et qui avoient le plus d'amitié pour moi; il y avoit dix ou douze jours que nous ne nous étions vues. Je vous ai dit que mes inquiétudes m'avoient beaucoup changée, et elles me trouvèrent si abattue qu'elles crurent que j'avois été malade. « Non, leur dis-je ; tout ce que j'ai, c'est que depuis quelque temps je dors assez mal ; mais cela reviendra. » Là-dessus, Mme Dursan me regarda d'un air attendri, et que j'entendis bien : c'est qu'elle s'attribuoit mon insomnie.

« Ces dames, me dit-elle ensuite, souhaitoient que nous allassions demain à une partie de pêche qui se fera chez elles ; mais je suis trop incommodée pour sortir, et je n'y enverrai que toi, Tervire. — Comme il vous plaira, lui répondis-je, bien résolue de prétexter quelque indisposition plutôt que de la laisser seule toute la journée. »

Aussi, le lendemain, avant que Mme Dursan fût éveillée, eus-je soin de leur dépêcher un domestique, qui leur dit qu'une migraine violente qui m'étoit venue dès le matin, et qui me retenoit au lit, m'empêchoit de me rendre chez elles.

Mme Dursan, étonnée, quelques heures après, de voir entrer chez elle une femme de chambre qu'elle avoit chargée de me suivre, apprit d'elle que je n'étois point partie, et sut en même temps l'excuse que j'en avois donnée.

Cependant je me levai pour aller chez elle, et j'étois à moitié de sa chambre, quand je la rencontrai qui, malgré la peine qu'elle avoit à marcher depuis quelque temps, et soutenue d'un laquais, venoit voir elle-même en quel état j'étois.

« Comment ! te voilà levée ! me dit-elle en s'arrêtant dès qu'elle me vit ; et ta migraine ? — Ce n'en étoit pas une, lui dis-je, je me suis trompée ; ce n'étoit qu'un grand mal de tête qui est extrêmement diminué, et je suis bien fâchée de n'être pas arrivée plus tôt pour vous le dire.

— Va, reprit-elle, tu n'es qu'une fripronne, et tu mériterois que je te fisse partir tout à l'heure ; mais viens donc, puisque tu as voulu rester. — Je vous assure que je serois partie si je n'avois pas cru être malade, lui répondis-je d'un air ingénu. — Et moi, me dit-elle, je t'assure que j'irai partout où l'on m'invitera, puisque tu n'es pas plus raisonnable. — Eh ! mais, sans doute, vous irez partout, repris-je ; j'y compte bien, vous ne serez pas toujours indisposée » ; et, en tenant de pareils discours, nous arrivâmes dans sa chambre.

Nombre de petites choses pareilles à celles que je vous dis là, et dans lesquelles elle devinoit toujours mon intention, de quelque manière que je m'y prisse, m'avoient tellement gagné son cœur qu'elle m'aimoit autant que la plus tendre des mères aime sa fille.

Dans ces entrefaites, la plus ancienne des deux femmes de chambre qu'elle avoit, vieille fille qui avoit toute sa confiance, et qui la servoit depuis vingt-cinq ans, tomba malade d'une fièvre aiguë qui l'emporta en six jours de temps.

Mme Dursan en fut consternée; il est vrai qu'à l'âge où elle étoit, il n'y a presque point de perte égale à celle-là.

C'est une amie d'une espèce unique que la mort vous enlève en pareil cas, une amie de tous les instants, à qui vous ne vous donnez pas la peine de plaire; qui vous delasse de la fatigue d'avoir plu aux autres; qui n'est, pour ainsi dire, personne pour vous, quoiqu'il n'y ait personne qui vous soit plus nécessaire; avec qui vous êtes aussi rebutante, aussi petite d'humeur et de caractère que vous avez quelquefois besoin de l'être, avec qui vos infirmités les plus humiliantes ne sont que des maux pour vous, et point une honte; enfin, une amie qui n'en a pas même le nom, et que souvent vous n'apprenez que vous aimiez que lorsque vous ne l'avez plus et que tout vous manque sans elle. Et voilà le cas où se trouvoit Mme Dursan, qui avoit près de quatre-vingts ans

Aussi, comme je vous l'ai dit, en tomba-t-elle dans une mélancolie qui redoubla mes frayeurs.

Il lui falloit cependant une autre femme de chambre, et on lui en envoya plusieurs dont elle ne s'accommoda point. Je lui en cherchai moi-même, et lui en présentai une ou deux qui ne lui convinrent pas non plus.

Ce fut ainsi qu'elle passa près d'un mois, pendant lequel elle eut lieu dans mille occasions de se convaincre de ma tendresse et de mon zèle.

Dans cette occurrence, un jour qu'elle reposoit et que je me promenois en lisant aux environs du château, j'entendis du bruit au bout de la grande allée qui lui servoit d'avenue, de sorte que je tournai de ce côté-là pour savoir de quoi il étoit question. Je vis que c'étoit le garde de Mme Dursan, avec un de ses gens, qui querelloient un jeune homme, qui sembloient avoir envie de le maltraiter et tâchoient de lui arracher un fusil qu'il tenoit.

Je me sentis un peu émue du ton brutal et menaçant dont ils lui parloient, aussi bien que de cette violence qu'ils vouloient lui faire, et je m'avançai le plus vite que je pus, en leur criant de s'arrêter.

Plus j'approchai d'eux, et plus leur action me déplut; c'est que j'en voyois mieux le jeune homme en question, qu'il étoit en effet difficile de regarder indifféremment, et dont l'air, la taille et la physionomie me frappèrent, malgré l'habit tout uni et presque usé dont il étoit vêtu.

« Que faites-vous donc là, vous autres? dis-je alors avec vivacité à ces brutaux quand je fus près d'eux. — Nous arrêtons ce garçon-ci qui chasse sur les terres de madame, qui a déjà tué du gibier, et que nous voulons désarmer », me répondit le garde avec toute la confiance d'un valet qui est charmé d'avoir droit de faire du mal.

Le jeune homme, qui avoit ôté son chapeau d'un air fort respectueux dès que je m'étois approchée, jetoit de temps en temps sur moi des regards et modestes et supplians, pendant que l'autre parloit.

« Laissez, laissez aller monsieur, dis-je après au garde, qui ne l'avoit appelé que *ce garçon*, et dont je fus bien aise de corriger l'incivilité ; retirez-vous, ajoutai-je ; il est sans doute étranger et n'a pas su les endroits où il pouvoit chasser.

— Je ne faisois que traverser pour aller ailleurs, Mademoiselle, me répondit-il alors en me saluant, et ils ont tort de croire que j'ai tiré sur la terre de leur dame, et plus encore de vouloir désarmer un homme qu'ils ne connoissent point, qui, malgré l'état où ils le voient, n'est pas fait, je vous assure, pour être maltraité par des gens comme eux, et sur lequel ils ne se sont jetés que par surprise. »

A ces mots, le garde et son camarade insistèrent pour me persuader qu'il ne méritoit point de grâce, et continuèrent de l'apostropher désagréablement ; mais je leur imposai silence avec indignation.

En arrivant, je ne les avois trouvés que brutaux ; et, depuis qu'il avoit dit quelques paroles, je les trouvois insolens. « Taisez-vous, leur dis-je, vous parlez mal; éloignez-vous, mais ne vous en allez pas. »

Et puis, m'adressant à lui : « Vous ont-ils ôté votre gibier ? lui dis-je. — Non, Mademoiselle, me répondit-il, et je ne saurois trop vous remercier de la protection que vous avez la bonté de m'accorder dans cette occasion-ci. Il est vrai que je chasse, mais pour un motif qui vous paroîtra sans doute bien pardonnable : c'est pour un gentilhomme qui a beaucoup de parens dans la noblesse de ce pays-ci, qui en est absent depuis longtemps, et qui est arrivé d'avant-hier avec ma mère. En un mot, Mademoiselle, c'est mon père; je l'ai laissé malade, ou du moins très indisposé dans le village prochain, chez un paysan qui nous a retirés; et, comme vous jugez bien qu'il y vit assez mal, qu'il n'y peut trouver qu'une nourriture moins convenable qu'il ne faudroit, et qu'il n'est guère en état de faire beaucoup de dépense, je suis sorti tantôt pour aller vendre un petit bijou que j'ai sur moi, dans la ville qui n'est plus qu'à une demi-lieue d'ici; et en sortant j'ai pris ce fusil dans l'intention de chasser en chemin, et de rapporter à mon père quelque chose qu'il pût manger avec moins de dégoût que ce qu'on lui donne. »

Vous voyez bien, Marianne, que voilà un discours assez humiliant à tenir; cependant, dans tout ce qu'il me dit là, il n'y eut pas un ton qui n'excitât mes égards autant que ma sensibilité, et qui ne m'aidât à distinguer l'homme d'avec sa mauvaise fortune ; il n'y avoit rien de si opposé que sa figure et son indigence.

« Je suis fâchée, lui dis-je, de n'être pas venue assez tôt pour vous épargner ce qui vient de se passer, et vous pouvez chasser ici en toute liberté ; j'aurai soin qu'on ne vous en empêche pas. Continuez, Monsieur ; la chasse est bonne sur ce terrain-ci, et vous n'irez pas loin sans trouver ce qu'il faut pour votre malade ; mais peut-on vous demander ce que c'est que ce bijou que vous avez dessein de vendre ?

— Hélas ! Mademoiselle, reprit-il, c'est fort peu de chose : il n'est question que d'une bagatelle de deux cents francs, tout au plus, mais qui suffira pour donner à mon père le temps d'attendre que ses affaires changent ; la voici, ajouta-t-il en me la présentant.

— Si vous voulez revenir demain matin, lui dis-je après l'avoir prise et regardée, peut-être vous en aurai-je défait ; je la proposerai du moins à la dame du château qui est ma tante ; elle est généreuse ; je lui dirai ce qui vous engage à la vendre ; elle en sera sans doute touchée, et j'espère qu'elle vous épargnera la peine d'aller la porter à la ville, où je prévois que peu de gens en auront envie. »

C'étoit en lui remettant la bague que je lui parlois ainsi ; mais il me pria de la garder.

« Il n'est pas nécessaire que je la reprenne, Mademoiselle, puisque vous voulez bien tenter ce que vous dites, et que je reviendrai demain, me répondit-il. Il est juste d'ailleurs que la dame dont vous parlez ait le temps de l'examiner ; ainsi, Mademoiselle, permettez que je vous la laisse. »

La subite franchise de ce procédé me surprit un peu, me plut, et me fit rougir, je ne sais pourquoi. Cependant je refusai d'abord de me charger de cette bague, et le pressai de la reprendre. « Non, Mademoiselle, me dit-il encore en me saluant pour me quitter ; il vaut mieux que vous l'ayez dès aujourd'hui, afin que vous puissiez la montrer » ; et là-dessus il partit, pour abréger la contestation.

Je m'arrêtai à le regarder pendant qu'il s'éloignoit, et je le regardois en le plaignant, en lui voulant du bien, en aimant à le voir, en ne me croyant que généreuse.

Le garde et son camarade étoient restés dans l'allée, à trente ou quarante pas de nous, comme je le leur avois ordonné, et je les rejoignis.

« Si vous retrouviez aujourd'hui ou demain ce jeune homme chassant encore ici, leur dis-je, je vous défends, de la part de Mme Dursan, de l'inquiéter davantage ; je vais avoir soin qu'elle vous le défende elle-même. » Et puis je rentrai dans le château, l'esprit toujours plein de ce jeune homme et de sa décence, de ses airs respectueux et de ses grâces. Cette bague même qu'il m'avoit laissée avoit part à mon attention ; elle m'occupoit, et n'étoit pas pour moi une chose indifférente.

J'allai chez Mme Dursan, qui étoit réveillée et

à qui je contai ma petite aventure, avec l'ordre que j'avois donné de sa part au garde.

Elle ne manqua pas d'approuver tout ce que j'avois fait. Un jeune chasseur de si bonne mine (car je n'omis rien de ce qui pouvoit le rendre intéressant), un jeune homme si poli, si doux, si bien élevé, qui chassoit avec un zèle si édifiant pour un père malade, ne pouvoit que trouver grâce auprès de Mme Dursan, qui avoit le cœur bon, et qui ne voyoit dans mon récit que sa justification ou son éloge.

« Oui, ma fille, tu as raison, me dit-elle ; j'aurois pensé comme toi si j'avois été à ta place, et ton action est très louable. » (Pas si louable qu'elle se l'imaginoit, ni que je le croyois moi-même ; ce n'étoit pas là le mot qu'il eût fallu dire.)

Quoi qu'il en soit, dans l'attendrissement où je la vis, j'augurai bien du succès de ma négociation au sujet de la bague dont je lui parlai, et que je lui montrai tout de suite, persuadée que je n'avois qu'à lui en dire le prix pour en avoir l'argent.

Mais je me trompois : les mouvemens de ma tante et les miens n'étoient pas tout à fait les mêmes ; Mme Dursan n'étoit que bonne et charitable ; cela laisse le sang-froid, et n'engage pas à acheter une bague dont on n'a que faire.

« Tu n'y songes pas, me dit-elle ; pourquoi t'es-tu chargée de ce bijou? A quoi veux-tu que je l'emploie? Je ne pourrois le prendre que pour toi, et je t'en ai donné de plus beaux (comme il étoit vrai). Non, ma fille, reprends-le, ajouta-t-elle tout de suite en me le rendant d'un air triste; ôte-le de ma vue; il me rappelle une petite bague que j'ai eue autrefois, qui étoit, ce me semble, pareille à celle-ci, et que j'avois donnée à mon fils sur la fin de ses études. »

A ce discours, je remis promptement la bague dans le papier d'où je l'avois tirée, et l'assurai bien qu'elle ne la verroit plus.

« Attends, reprit-elle, j'aime mieux que tu proposes demain à ton jeune homme de lui prêter quelque argent, qu'il te rendra, lui diras-tu, quand il aura vendu son bijou; voilà dix écus pour lui; qu'on te les rende ou non, je ne m'en soucie guère, et je les donne, quoiqu'il ne faille pas le lui dire.

— Je m'en garderai bien, lui repartis-je en prenant cette somme qui étoit bien au-dessous de la générosité que je me sentois, mais qui, avec quelque argent que je résolus d'y joindre, deviendroit un peu plus digne du service que j'avois envie de rendre : car de l'argent, j'en avois; Mme Dursan, qui, dans les occasions, vouloit que je jouasse, ne m'en laissoit point manquer.

Tout mon embarras fut de savoir comment je ferois le lendemain pour offrir cette somme au jeune homme en question sans qu'il en rougît, à cause de l'indigence des siens, ni qu'il pût entrevoir qu'on donnoit cet argent plus qu'on ne le prétoit.

J'y rêvai donc avec attention, j'y rêvai le soir, j'y rêvai étant couchée. J'arrangeai ce que je lui dirois, et j'attendis le lendemain sans impatience, mais aussi sans cesser un instant de songer à ce lendemain.

Il arriva donc; et ma première idée, en me réveillant, fut de penser qu'il étoit arrivé.

J'étois avec Mme Dursan sur la terrasse du jardin, et nous nous y entretenions toutes deux assises après le dîner, quand on vint me dire qu'un jeune étranger, qui étoit dans la salle, demandoit à me parler. « C'est apparemment ton chasseur d'hier, me dit Mme Dursan; va lui rendre sa bague, et tâche de l'amuser un instant; je vais retourner dans ma chambre, et je serois bien aise de le voir en traversant la salle. »

Je me levai donc avec une émotion secrète que je n'attribuai qu'à la fâcheuse nécessité de lui remettre le diamant, et qu'à l'embarras du compliment que j'allois lui faire pour cette somme que je tenois toute prête, et que j'avois augmentée de moitié.

Je l'abordai d'abord avec cet air qu'on a quand on vient dire aux gens qu'on n'a pas réussi pour eux; il se méprit à mon air et crut qu'il signifioit que sa visite m'étoit, en ce moment-là, importune; c'est du moins ce que je compris à sa réponse. « Je suis honteux de la peine que je vous donne, Mademoiselle, et je crains bien de n'avoir pas pris une heure convenable, me dit-il en me saluant avec toutes les grâces qu'il avoit, ou que je lui croyois.

— Non, Monsieur, lui repartis-je, vous venez à propos, et je vous attendois; mais ce qui me mortifie, c'est que j'ai encore votre bague, et que je n'ai pu engager ma tante à la prendre, comme je vous l'avois fait espérer; elle a beaucoup de ces sortes de bijoux, et ne sauroit, dit-elle, à quoi mettre le vôtre. Elle seroit cependant charmée d'obliger d'honnêtes gens; et, quoiqu'elle ne vous connoisse pas, sur ce que je lui ai dit que les personnes à qui vous appartenez étoient restées dans le village prochain, qu'elles venoient dans ce pays-ci pour une affaire de conséquence, et que vous ne vendiez ce petit bijou que pour en tirer un argent dont vos parens avoient actuellement besoin; enfin, Monsieur, sur la manière dont je lui ai parlé de vous et de l'attention que vous méritiez, elle a cru qu'elle ne risqueroit rien à vous faire un plaisir qu'elle seroit bien aise qu'on lui fît en pareil cas : c'est de vous prêter cette somme, en attendant que les vôtres aient reçu de l'argent, ou que vous ayez vendu le diamant, dont la vente servira à vous acquitter; et j'ai sur moi vingt écus que vous nous devrez, et que voilà, ajoutai-je.

— Quoi! Mademoiselle, me répondit-il en souriant doucement et d'un air reconnoissant, vous me remettez la bague! Nous vous sommes inconnus, vous ne me demandez ni nom ni billet, et vous ne m'en offrez pas moins cet argent!

— Vous avez raison, Monsieur, lui dis-je; on pourroit d'abord regarder cela comme imprudent, je l'avoue; mais vous êtes assurément un jeune homme plein d'honneur; on voit bien que vous venez de bon lieu, et je suis persuadée que je ne hasarde rien. A quoi d'ailleurs nous serviroient votre billet et votre nom, si vous n'étiez pas ce que je pense? Quant au diamant, je ne vous le rends qu'afin que vous le vendiez, Monsieur; c'est avec lui que vous me payerez; cependant ne vous pressez point; il vaut, dit-on, plus de deux cents francs; prenez tout le temps qu'il faudra pour vous en défaire sans y perdre. » Et je le lui présentois en parlant ainsi.

« Je ne sais, Mademoiselle, me répondit-il en le recevant, de quoi nous devons vous être plus obligés, ou du service que vous voulez nous rendre, ou du soin que vous prenez pour nous le déguiser : car on ne prête point à des inconnus : c'est vous en dire assez; et mon père et ma mère seront aussi pénétrés que moi de vos bontés; mais je venois ici pour vous dire, Mademoiselle, que nous ne sommes plus dans l'embarras, et que depuis hier nous avons trouvé une amie qui nous a prêté tout ce qu'il nous falloit. »

Mme Dursan, qui entra alors dans la salle, m'empêcha de lui répondre. Il se douta bien que c'étoit ma tante, et lui fit une profonde révérence.

Elle fixa les yeux sur lui, en le saluant à son tour avec une honnêteté plus marquée que je ne l'aurois espéré, et qu'elle crut apparemment devoir à sa figure, qui étoit fort noble.

Elle fit plus, elle s'arrêta pour me dire : « N'est-ce pas monsieur qui vous avoit confié la bague que vous m'avez montrée, ma nièce? — Oui, Madame ; mais il n'est plus question de cela, lui répondis-je, et monsieur ne la vendra point. — Tant mieux, reprit-elle ; il auroit eu de la peine à s'en défaire ici ; mais, quoique je ne m'en sois pas accommodée, ajouta-t-elle en s'adressant à lui, pourrois-je vous être bonne à quelque chose, Monsieur ? Vos parens, à ce que m'a dit ma nièce, sont nouvellement arrivés en ce pays-ci, ils y ont des affaires ; et, s'il y avoit occasion de les y servir, j'en serois charmée. »

J'aurois volontiers embrassé ma tante, tant je lui savois gré de ce qu'elle venoit de dire ; le jeune homme rougit pourtant, et j'y pris garde ; il me parut embarrassé. Je n'en fus point surprise ; il se douta bien que ma tante, à cause de sa mauvaise fortune, avoit été curieuse de voir comment il étoit fait ; et on n'aime point à être examiné dans ce sens-là, on est même honteux de faire pitié.

Sa réponse n'en fut cependant ni moins polie ni moins respectueuse. « J'instruirai mon père et ma mère de l'intérêt que vous daignez prendre à leurs affaires, repartit-il, et je vous supplie pour eux, Madame, de leur conserver des intentions si favorables. »

A peine eut-il prononcé ce peu de mots que

Mme Dursan resta comme étonnée. Elle garda même un instant de silence.

« Votre père est-il encore malade? lui dit-elle après. — Un peu moins depuis hier au soir, Madame, répondit-il. — Et de quelle nature sont ses affaires? ajouta-t-elle encore.

— Il est question, dit-il avec timidité, d'un accommodement de famille, dont il vous instruira lui-même quand il aura l'honneur de vous voir; mais de certaines raisons ne lui permettent pas de se montrer sitôt. — Il est donc connu ici? lui dit-elle. — Non, Madame; mais il y a quelques parens, reprit-il.

— Quoi qu'il en soit, reprit-elle en prenant mon bras pour l'aider à marcher, j'ai des amis dans le pays, et je vous répète qu'il ne tiendra pas à moi que je ne lui sois utile. »

Elle partit là-dessus, et m'obligea de la suivre, contre mon attente : car il me sembloit que j'avois encore quelque chose à dire à ce jeune homme, qui, de son côté, paroissoit ne m'avoir pas tout dit non plus, et ne croyoit pas que je me retirerois si promptement. Je vis dans ses yeux qu'il me regrettoit, et je tâchai qu'il vit dans les miens que je voulois bien qu'il revînt, s'il le falloit.

« Je suis de ton avis, me dit Mme Dursan quand nous fûmes seules, ce garçon-là est de très bonne mine, et ceux à qui il appartient sont sûrement des gens de quelque chose. Sais-tu bien qu'il a un son de voix qui m'a émue? En vérité, j'ai cru entendre parler mon fils. Que te disoit-il quand je suis arrivée? — Qu'une amie que son père avoit trouvée, repris-je, l'avoit tiré du besoin d'argent où il étoit, et qu'il vous rendoit mille grâces de la somme que vous offriez de prêter.

— A te dire le vrai, me répondit-elle, ce jeune homme parle d'un accommodement de famille, et je crains fort que le père ne se soit autrefois battu; il y a toute apparence que c'est pour cela qu'il se cache, et tant pis; il lui sera difficile de sortir d'une pareille affaire. »

On vint alors nous interrompre; je laissai Mme Dursan, et j'allai dans ma chambre pour y être seule. J'y rêvai assez longtemps sans m'en apercevoir; j'avois voulu remettre à ma tante les dix écus qu'elle m'avoit donnés pour le jeune homme, mais elle me les avoit laissés. « Il reviendra, disois-je, il reviendra; je suis d'avis de garder toujours cette somme; il ne sera peut-être pas fâché de la retrouver. » Et je m'applaudissois innocemment de penser ainsi, j'aimois à me sentir un si bon cœur.

Le lendemain, je crus que la journée ne se passeroit pas sans que je revisse le jeune homme; c'étoit là mon idée, et l'après-dînée je m'attendois à tout moment qu'on alloit m'avertir qu'il me demandoit. Cependant la nuit arriva sans qu'il eût paru; et mon bon cœur, par un dépit imperceptible, et que j'ignorois moi-même, en devint plus tiède.

Le jour d'après, point de visite non plus. Malgré ma tiédeur, j'avois porté sur moi jusque-là l'argent que je lui destinois; mais alors : « Allons, me dis-je, il n'y a qu'à le remettre dans ma cassette »; et c'étoit toujours mon bon cœur qui se vengeoit sans que je le susse.

Enfin, le surlendemain, une des meilleures amies de Mme Dursan, femme à peu près de son âge, qui l'étoit venue voir sur les quatre heures, et que je reconduisois par galanterie jusqu'à son carrosse, qu'elle avoit fait arrêter dans la grande allée, me dit au sortir du château : « Promenons-nous un instant de ce côté. » Et elle tournoit vers un petit bois qui étoit à droite et à gauche de la maison, et qu'on avoit percé pour faire l'avenue. « Il y a quelqu'un qui nous y attend, ajouta-t-elle, qui n'a pas osé me suivre chez vous, et que je suis bien aise de vous montrer. »

Je me mis à rire. « Au moins puis-je me fier à vous, Madame, et n'a-t-on pas dessein de m'enlever? lui répondis-je.

— Non, reprit-elle du même ton, et je ne vous mènerai pas bien loin. »

En effet, à peine étions-nous entrées dans cette partie du bois que je vis à dix pas de nous trois personnes qui nous abordèrent avec de grandes révérences; et de ces trois personnes j'en reconnus une, qui étoit mon jeune homme. L'autre étoit une femme très bien faite, d'environ trente-huit à quarante ans, qui devoit avoir été de la plus grande beauté, et à qui il en restoit beaucoup, mais qui étoit pâle, et dont l'abattement paroissoit venir d'une tristesse ancienne et habituelle ; au surplus, mise comme une femme qui n'auroit pu conserver qu'une vieille robe pour se parer.

L'autre étoit un homme de quarante-trois ou quarante-quatre ans, qui avoit l'air infirme, assez mal arrangé d'ailleurs, et à qui on ne voyoit plus, pour tout reste de dignité, que son épée.

Ce fut lui qui le premier s'avança vers moi, en me saluant ; je lui rendis son salut, sans savoir à quoi cela aboutissoit.

« Monsieur, dis-je au jeune homme, qui étoit à côté de lui, dites-moi, je vous prie, de quoi il est question. — De mon père et de ma mère que vous voyez, Mademoiselle, me répondit-il, ou, pour vous mettre encore mieux au fait, de M. et de Mme Dursan. — Voilà ce que c'est, ma fille, me dit alors la dame avec qui j'étois venue ; voilà votre cousin, le fils de cette tante qui vous a donné tout son bien, à ce qu'elle m'a confié elle-même ; et je vous en demande pardon : car, avec la belle âme que je vous connois, je savois bien qu'en vous amenant ici je vous faisois le plus mauvais tour du monde. »

A peine achevoit-elle ces mots que la femme tomba à mes pieds.

« C'est à moi, qui ai causé les malheurs de mon mari, à me jeter à vos genoux, et à vous conjurer d'avoir pitié de lui et de son fils », me dit-elle en me tenant une main qu'elle arrosoit de ses larmes.

Pendant qu'elle parloit, le père et le fils, tous deux les yeux en pleurs, et dans la posture du monde la plus suppliante, attendoient ma réponse.

« Que faites-vous donc là, Madame ? m'écriai-je en l'embrassant, et pénétrée jusqu'au fond de l'âme de voir autour de moi cette famille infortunée qui me rendoit l'arbitre de son sort, et ne me sollicitoit qu'en tremblant d'avoir pitié de sa misère.

« Que faites-vous donc, Madame ? Levez-vous, lui criois-je ; vous n'avez point de meilleure amie que moi ; est-il nécessaire de vous abaisser ainsi devant moi pour me toucher ? Pensez-vous que je tienne à votre bien ? Est-il à moi dès que vous vivez ? Je n'en ai reçu la donation qu'avec peine, et j'y renonce avec mille fois plus de plaisir qu'il ne m'en auroit jamais fait. »

Je tendois en même temps une main au père, qui se jeta dessus, aussi bien que son fils, dont l'action, plus tendre et plus timide, me fit rougir, toute distraite que j'étois par un spectacle aussi attendrissant.

A la fin, la mère, qui étoit jusque-là restée dans mes bras, se releva tout à fait et me laissa libre. J'embrassai alors M. Dursan, qui ne put prononcer que des mots sans aucune suite, qui commençoit mille remercîmens et n'en achevoit pas un seul.

Je jetai les yeux sur le fils après avoir quitté le

père. Ce fils etoit mon parent, et, dans de pareilles circonstances, rien ne devoit m'empêcher de lui donner les mêmes témoignages d'amitié qu'à M. Dursan; et cependant je n'osois pas. Ce parent-là étoit différent, je ne trouvois pas que mon attendrissement pour lui fût si honnête; il se passoit entre lui et moi je ne sais quoi de trop doux qui m'avertissoit d'être moins libre, et qui lui en imposoit à lui-même.

Mais aussi pourquoi l'aurois-je traité avec plus de réserve que les autres? Qu'en auroit-on pensé? Je me déterminai donc, et je l'embrassai avec une émotion qui se joignoit à la sienne.

« Voyons d'abord ce que vous souhaitez que je fasse, dis-je alors à M. et à Mme Dursan; ma tante a beaucoup de tendresse pour moi, et vous devez compter sur tout le crédit que cela peut me donner sur elle; encore une fois, le testament qu'elle a fait pour moi et rien, c'est la même chose; je le lui déclarerai quand il vous plaira. Mais il faut prendre des mesures avant que de vous présenter à elle, ajoutai-je en adressant la parole à Dursan le père.

— Trouvez-vous à propos que je la prévienne, me dit la dame qui m'avoit amenée, et que je lui avoue que son fils est ici?

— Non, repris-je d'un air pensif, je connois son inflexibilité à l'égard de monsieur, et ce ne seroit pas là le moyen de réussir.

— Hélas! Mademoiselle, reprit Dursan le père,

c'est, comme vous voyez, à un mourant qu'elle pardonneroit ; il y a longtemps que je n'ai plus de santé ; ce n'est pas pour moi que je lui demande grâce, c'est pour ma femme et pour mon fils que je laisserois dans la dernière indigence.

— Que parlez-vous d'indigence ? Otez-vous donc cela de l'esprit, lui répondis-je ; vous ne rendez point justice à mon caractère. Je vous ai déjà dit, et je le répète, que je ne veux rien de ce qui est à vous, que j'en ferai ma déclaration, et que dès cet instant-ci votre sort cesse de dépendre du succès de la réconciliation que nous allons tenter auprès de ma tante ; à moins que, sur mon refus d'hériter d'elle, elle ne fasse un nouveau testament en faveur d'un autre, ce qui ne me paroît pas croyable. Quoi qu'il en soit, il me vient une idée.

« Votre mère a besoin d'une femme de chambre, elle ne sauroit s'en passer ; elle en a perdu une que vous avez connue sans doute, c'étoit la Lefèvre, mettons à profit cette conjoncture, et tâchons de placer auprès d'elle Mme Dursan que voilà. Ce sera vous, dis-je à l'autre dame, qui la présenterez, et qui lui répondrez d'elle et de son attachement, qui lui en direz hardiment tout ce qu'en pareil cas on peut dire de plus avantageux. Madame est aimable ; la douceur et les grâces de sa physionomie vous rendront bien croyable, et la conduite de madame achèvera de justifier votre éloge ; voilà ce que nous pouvons faire de mieux. Je suis sûre que sous ce personnage elle gagnera le cœur de ma tante ; oui, je n'en doute pas, ma tante l'aimera, vous remerciera de la lui avoir donnée ; et peut-être qu'au premier jour, dans la satisfaction qu'elle aura d'avoir retrouvé infiniment mieux que ce qu'elle a perdu, elle nous fournira elle-même quelques heureux instans où nous ne risquerons rien à lui avouer une petite supercherie qui n'est que louable, qu'elle ne pourra s'empêcher d'approuver, qu'elle trouvera touchante, qui l'est en effet, qui ne manquera pas de l'attendrir, et qui l'aura mise hors d'état de nous résister quand elle en sera instruite. On ne doit point rougir d'ailleurs de tenir lieu de femme de chambre à une belle-mère irritée, qui ne vous a jamais vue, quand ce n'est qu'une adresse pour désarmer sa colère. »

A peine eus-je ouvert cet avis qu'ils s'y rendirent tous, et que leurs remercîmens recommencèrent : ce que je proposois marquoit, disoient-ils, tant de franchise, tant de zèle et de bonne volonté pour eux, que leur étonnement ne finissoit point.

« Dès demain, dans la matinée, dit la dame qui étoit leur amie et la mienne, je mène Mme Dursan à sa belle-mère ; heureusement que tantôt elle m'a demandé si je ne savois pas quelque personne raisonnable qui pût remplacer la Lefèvre. Je lui ai même promis de lui en chercher une, et je vous arrête pour elle », dit-elle en riant à Mme Dursan, qui étoit charmée de ce que j'avois imaginé, et qui répondit qu'elle se tenoit pour arrêtée.

Nous entendîmes alors quelques domestiques qui étoient dans l'allée de l'avenue ; nous craignîmes ou qu'ils ne nous vissent, ou que ma tante ne leur eût dit d'aller voir pourquoi je ne revenois pas ; et nous jugeâmes à propos de nous séparer, d'autant plus qu'il nous suffisoit d'être convenus de notre dessein, et qu'il nous seroit aisé d'en régler l'exécution suivant les occurrences et de nous concilier tous les jours ensemble quand une fois l'affaire seroit entamée.

Nous nous retirâmes donc, Mme Dorfrainville et moi (c'est le nom de la dame qui m'avoit amenée), pendant que Dursan, sa femme et son fils allèrent, à travers le petit bois, gagner le haut de l'avenue, pour attendre cette dame qui devoit en passant les prendre dans son carrosse, qui les avoit tous trois logés chez elle, qui les faisoit passer pour d'anciens amis dont la perte d'un procès avoit déjà dérangé la fortune, et qui, pour les en consoler, les avoit engagés à la venir voir pour quelques mois.

« Tu as été bien longtemps avec Mme Dorfrainville ? me dit ma tante quand je fus arrivée. — Oui, lui dis-je ; il n'étoit point tard, elle a eu envie de se promener dans le petit bois. » Et elle n'insista pas davantage.

A dix heures du matin, le lendemain, Mme Dorfrainville étoit déjà au château. Je venois moi-même d'entrer chez Mme Dursan.

« Enfin vous avez une femme de chambre, lui

dit tout d'un coup cette dame, mais une femme de chambre unique ; sans vous je renverrois la mienne, et je garderois celle-là ; il faut vous aimer autant que je vous aime pour vous donner la préférence. C'est une femme attentive, adroite, affectionnée, vertueuse ; c'est le meilleur sujet, le plus fidèle, le plus estimable qu'il y ait peut-être ; je ne crois pas qu'il soit possible d'avoir mieux ; et tout cela se voit dans sa physionomie. Je la trouvai hier chez moi, qui venoit d'arriver de vingt lieues d'ici.

— Et de chez qui sort-elle? dit ma tante. Comment a-t-on pu se défaire d'un si excellent sujet ? Est-ce que sa maîtresse est morte ? — C'est cela même, repartit Mme Dorfrainville, qui avoit prévu la question, et qui ne s'étoit pas fait un scrupule d'imaginer de quoi y répondre. Elle sort de chez une dame qui mourut ces jours passés, qui en faisoit un cas infini, qui m'en a dit mille fois des choses admirables, et qui la gardoit depuis quinze ou seize ans. Je sais d'ailleurs qui elle est, je connois sa famille ; elle appartient à de fort honnêtes gens, et enfin je suis sa caution. Elle venoit même dans l'intention de rester chez moi ; du moins n'at-elle pas voulu, dit-elle, entrer dans aucune des maisons qu'on lui propose, sans savoir si je ne la retiendrois pas ; mais, comme je ne suis pas mécontente de la mienne, qu'il vous en faut une, je vous la cède, ou, pour mieux dire, je vous en fais présent : car c'en est un. »

Il ne falloit pas moins que ce petit roman-là,

ajusté comme vous le voyez, pour engager Mme Dursan à la prendre, et pour la guérir des dégoûts qu'elle avoit de tout autre service que de celui qu'elle n'avoit plus.

« Eh bien, Madame, quand me l'enverrez-vous ? lui dit-elle. — Tout à l'heure, répondit Mme Dorfrainville; elle ne viendra pas de bien loin, puisqu'elle se promène sur la terrasse de votre jardin, où je l'ai laissée. Quelque mérite, quelque raison qu'elle ait, je n'ai pas voulu qu'elle fût présente à son éloge; elle ne sait pas aussi bien que moi tout ce qu'elle vaut, et il n'est pas nécessaire qu'elle le sache; nous nous passerons bien qu'elle s'estime tant; elle n'en vaudroit pas mieux, ajouta-t-elle en riant, et peut-être même en vaudroit-elle moins. Vous voilà instruite, c'en est assez; il n'y a qu'à dire à un de vos gens de la faire venir.

— Non, non, dis-je alors, je vais l'avertir moi-même. » Et je sortis en effet pour l'aller prendre. Je me doutai qu'elle étoit inquiète, et qu'elle avoit besoin d'être rassurée dans ces commencemens.

« Venez, Madame, lui dis-je en l'abordant; on vous attend, vous êtes reçue; ma tante vous met chez vous, en ne croyant vous mettre que chez elle.

— Hélas ! Mademoiselle, vous me voyez toute tremblante, et j'appréhende de me montrer dans l'émotion où je suis, me répondit-elle avec un ton de voix qui ne prouvoit que trop ce qu'elle disoit, et qui auroit pu paroître extraordinaire à ma tante, si je l'avois amenée dans cet état-là.

— Eh! de quoi tremblez-vous donc? lui dis-je : est-ce de vous présenter à la meilleure de toutes les femmes, à qui vous allez devenir chère, et qui dans quinze jours peut-être pleurera de tendresse, et vous embrassera de tout son cœur, en apprenant qui vous êtes? Vous n'y songez pas; allons, Madame, paroissez avec confiance; ce moment-ci ne doit rien avoir d'embarrassant pour vous; qu'y a-t-il à craindre? Vous êtes bien sûre de Mme Dorfrainville, et je pense que vous l'êtes de moi.

— Ah! mon Dieu, de vous, Mademoiselle! me répondit-elle; ce que vous me dites là me fait rougir; et sur qui donc compterois-je dans le monde? Allons, Mademoiselle, je vous suis; voilà toutes mes émotions dissipées. »

Et là-dessus nous entrâmes dans cette chambre dont elle avoit eu tant de peur d'approcher. Cependant, malgré tout ce courage qui lui étoit revenu, elle salua avec une timidité qu'on auroit pu trouver excessive dans une autre qu'elle, mais qui, jointe à cette figure aimable et modeste, à ce visage plein de douceur qu'elle avoit, parut une grâce de plus chez elle.

A mon égard, je souris d'un air satisfait, afin d'exciter encore les bonnes dispositions de ma tante, qui regardoit à ma mine ce que je pensois.

« Mademoiselle Brunon, dit Mme Dorfrainville à notre nouvelle femme de chambre, vous resterez ici;

madame vous retient, et je ne saurois vous donner une plus grande preuve de mon amitié qu'en vous plaçant auprès d'elle; je l'ai bien assurée qu'elle seroit contente de vous, et je ne crains pas de l'avoir trompée.

— Je n'ose encore répondre que de mon zèle et des efforts que je ferai pour plaire à madame », répondit la fausse Brunon. Et il faut avouer qu'elle tint ce discours de la manière du monde la plus engageante. Je ne m'étonnai point que Dursan le fils l'eût tant aimée, et je n'aurois pas été surprise qu'alors même on eût pris de l'inclination pour elle.

Aussi Mme Dursan la mère se sentit-elle prévenue pour elle. « Je crois, dit-elle à Mme Dorfrainville, que je ne hasarde rien à vous remercier d'avance; Brunon me revient tout à fait, j'en ai la meilleure opinion du monde, et je serois fort trompée moi-même si je n'achève pas ma vie avec elle. Je ne fais point de marché, Brunon; vous n'avez qu'à vous en fier à moi là-dessus : on me dit que je serai contente de vous, et vous le serez de moi; mais n'avez-vous rien apporté avec vous? C'est à côté de moi que je vous loge, et je vais dire à une de mes femmes qu'elle vous mène à votre chambre.

— Non, non, ma tante, lui dis-je au moment qu'elle alloit sonner; je suis bien aise de la mettre au fait; n'appelez personne; je vais prendre quelque chose dans ma chambre, et je lui montrerai la sienne en passant. — Elle a laissé deux cassettes chez moi que je lui enverrai tantôt, dit Mme Dorfrainville. — Je vous en prie, répondit ma tante. Allez, Brunon, voilà qui est fini, vous êtes à moi, et je souhaite que vous vous en trouviez bien.

— Ce n'est pas de moi dont je suis en peine », repartit Brunon avec son air modeste. Elle me suivit ensuite, et, en sortant, nous entendîmes ma tante qui disoit à Mme Dorfrainville : « Cette femme-là a été belle comme un ange. »

Je regardai Brunon là-dessus, et je me mis à rire. « Trouvez-vous ce petit discours d'assez bon augure? lui dis-je; voilà déjà son fils à demi justifié.

— Oui, Mademoiselle, me répondit-elle en me serrant la main, ceci commence bien; il semble que le Ciel bénisse le parti que vous m'avez fait prendre. »

Nous restâmes un demi-quart d'heure ensemble; je n'étois sortie avec elle que pour l'instruire en effet d'une quantité de petits soins dont je savois tout le mérite, et que je lui recommandai. Elle m'écouta transportée de reconnoissance, et se récriant à chaque instant sur les obligations qu'elle m'avoit; il étoit impossible de les sentir plus vivement ni de les exprimer mieux; son cœur s'épanouissoit; ce n'étoit plus que des transports de joie qui finissoient toujours par des caresses pour moi.

Les gens de la maison alloient et venoient; il ne convenoit pas qu'on nous vît dans un entretien si réglé, et je la quittai, après lui avoir dit ses fonctions, et l'avoir même sur-le-champ mise en exercice. Elle avoit de l'esprit ; elle sentoit l'importance du rôle qu'elle jouoit ; je continuois de lui donner des avis qui la guidoient sur une infinité de petites choses essentielles. Elle avoit tous les agrémens de l'insinuation sans paroître insinuante, et ma tante au bout de huit jours fut enchantée d'elle.

« Si elle continue toujours de même, me disoit-elle en particulier, je lui ferai du bien ; et tu n'en seras pas fâchée, ma nièce?

— Je vous y exhorte, ma tante, lui répondois-je; vous avez le cœur trop bon, trop généreux, pour ne pas récompenser tout le zèle et tout l'attachement du sien : car on voit qu'elle vous aime, que c'est avec tendresse qu'elle vous sert.

— Tu as raison, me disoit-elle ; il me le semble aussi bien qu'à toi. Ce qui m'étonne, c'est que cette fille-là ne soit pas mariée, et que même, avec la figure qu'elle a dû avoir, elle n'ait pas rencontré quelque jeune homme riche, et d'un état au-dessus du sien, à qui elle ait tourné la tête. C'étoit précisément un de ces visages propres à causer bien de l'affliction à une famille.

—Hélas ! répondois-je, il n'a peut-être manqué à Brunon, pour faire beaucoup de ravage, que d'avoir passé sa jeunesse dans une ville. Il faut que ce soit une de ces figures-là que mon cousin Dursan ait eu le malheur de rencontrer, ajoutois-je d'un air simple et naïf ; mais à la campagne, où Brunon a vécu, une fille, quelque aimable qu'elle soit, se trouve comme enterrée et n'est un danger pour personne. »

Ma tante, à ce discours, levoit les épaules et ne disoit plus rien.

Dursan le fils revenoit de temps en temps avec son père. Mme Dorfrainville les amenoit tous deux et les descendoit au haut de l'avenue, d'où ils passoient dans le bois, où j'allois les voir quelques momens ; et, la dernière fois que le père y vint, je le trouvai si malade, il avoit l'air si livide et si bouffi, les yeux si morts, que je doutai très sérieusement qu'il pût s'en retourner ; je ne me trompois pas.

« Il ne s'agit plus de moi, ma chère cousine ; je sens que je me meurs, me dit-il ; il y a un an que je languis, et depuis trois mois mon mal est devenu une hydropisie qu'on n'a pas aperçue d'abord, et dont je n'ai pas été en état d'arrêter le progrès.

« Mme Dorfrainville m'a donné un médecin depuis que je suis chez elle, m'a procuré tous les secours qu'elle a pu ; mais il y a apparence qu'il n'étoit plus temps, puisque mon mal a toujours augmenté depuis. Aussi ne me suis-je efforcé de venir aujourd'hui ici que pour vous recommander une dernière fois les intérêts de ma malheureuse famille.

— Après tout ce que je vous ai dit, lui repartis-je, ce n'est plus ma faute si vous n'êtes pas tranquille. Mais laissons là cette opinion que vous avez d'une mort prochaine ; tout infirme et tout affoibli que vous êtes, votre santé se rétablira dès que vos inquiétudes cesseront; ouvrez d'avance votre cœur à la joie. Dans les dispositions où je vois ma tante pour Mme Dursan, je la défie de refuser votre grâce quand nous lui avouerons tout, et cet aveu ne tient plus à rien; nous le ferons peut-être demain, peut-être ce soir; il n'y a pas d'heure à présent dans la journée qui ne puisse en amener l'instant : ainsi soyez en repos, tous vos malheurs sont passés. Il faut que je me retire, je ne puis disparoître pour longtemps; mais Mme Dursan va venir ici, qui vous confirmera les espérances que je vous donne, et qui pourra vous dire aussi combien vous m'êtes chers tous trois. »

Ces dernières paroles m'échappèrent et me firent rougir, à cause du fils qui étoit présent, sans qui peut-être je n'aurois rien dit des deux autres, s'il n'avoit pas été le troisième.

Aussi ce jeune homme, tout plongé qu'il étoit dans la tristesse, se baissa-t-il subitement sur ma main, qu'il prit et qu'il baisa avec un transport où il entroit plus que de la reconnoissance, quoiqu'elle en fût le prétexte; et il fallut bien aussi n'y voir que ce qu'il disoit.

Je me levai cependant, en retirant ma main d'un air embarrassé. Le père voulut par honnêteté se lever aussi pour me dire adieu; mais, soit que le sujet de notre entretien l'eût trop remué, soit qu'avec la difficulté qu'il avoit de respirer il fût encore resté trop affoibli par les efforts qu'il venoit de faire pour arriver jusqu'à l'endroit du bois où nous étions, il lui prit un étouffement qui le fit retomber à sa place, où nous crûmes qu'il alloit expirer.

Sa femme, qui étoit sortie du château pour nous rejoindre, accourut aux cris du fils, qui ne furent entendus que d'elle. J'étois moi-même si tremblante qu'à peine pouvois-je me soutenir, et je tenois un flacon dont je lui faisois respirer la vapeur ; enfin son étouffement diminua, et Mme Dursan le trouva un peu mieux en arrivant ; mais de croire qu'il pût regagner le carrosse de Mme Dorfrainville, ni qu'il soutînt le mouvement de ce carrosse depuis le château jusque chez elle, il n'y avoit pas moyen de s'en flatter, et il nous dit qu'il ne se sentoit pas cette force-là.

Sa femme et son fils, tous deux plus pâles que la mort, me regardoient d'un air égaré, et me disoient : « Que ferons-nous donc ? » Je me déterminai.

« Il n'y a point à hésiter, leur répondis-je ; on ne peut mettre monsieur qu'au château même ; et, pendant que ma tante est avec Mme Dorfrainville, je vais chercher du monde pour l'y transporter.

— Au château ! s'écria sa femme ; eh ! Mademoiselle, nous sommes perdus ! — Non, lui dis-je, ne vous inquiétez pas ; je me charge de tout, laissez-moi faire. »

J'entrevis en effet dans le parti que je prenois que, de tous les accidens qu'il y avoit à craindre, il n'y en avoit pas un qui ne pût tourner à bien.

Dursan malade, ou plutôt mourant, Dursan, que sa misère et ses infirmités avoient rendu méconnoissable, ne pouvoit pas être rejeté de sa mère quand elle le verroit dans cet état-là, et ne seroit plus ce fils à qui elle avoit résolu de ne jamais pardonner.

Quoi qu'il en soit, je courus à la maison, j'en amenai deux de nos gens qui le prirent dans leurs bras, et je fis ouvrir un petit appartement qui étoit à rez-de-chaussée de la cour, et où on le transporta. Il étoit si foible qu'il fallut l'arrêter plusieurs fois dans le trajet; et je le fis mettre au lit, persuadée qu'il n'avoit pas longtemps à vivre.

La plupart des gens de ma tante étoient dispersés alors. Nous n'en avions pour témoins que trois ou quatre, devant qui Mme Dursan contraignoit sa douleur, comme je le lui avois recommandé, et qui, sur les expressions de Dursan le fils, apprenoient seulement que le malade étoit son père; mais cela n'éclaircissoit rien, et me fit venir une nouvelle idée.

L'état de M. Dursan étoit pressant; à peine pouvoit-il prononcer un mot: il avoit besoin de secours spirituels; il n'y avoit pas de temps à perdre; il se sentoit si mal qu'il les demandoit, et il étoit presque impossible de les lui procurer à l'insu de sa mère; je craignois d'ailleurs qu'il ne mourût sans la voir; et, sur toutes ces réflexions, je conclus qu'il falloit d'abord commencer par informer ma tante qu'elle avoit un malade chez elle.

« Brunon, dis-je brusquement à Mme Dursan, ne quittez point monsieur ; quant à vous autres, retirez-vous (c'étoit à nos gens à qui je parlois) ; et vous, Monsieur, ajoutai-je en m'adressant à Dursan le fils, ayez la bonté de venir avec moi chez ma tante. »

Il me suivit les larmes aux yeux, et je l'instruisis en chemin de ce que j'allois dire. Mme Dorfrainville alloit prendre congé de ma tante, quand nous entrâmes.

Ce ne fut pas sans quelque surprise qu'elles me virent entrer avec ce jeune homme.

« Le père de monsieur, dis-je à Mme Dursan la mère, est actuellement dans l'appartement d'en bas où je l'ai fait mettre au lit ; il venoit vous remercier, avec son fils, des offres de service que vous lui avez fait faire ; et la fatigue du chemin, jointe à une maladie très sérieuse qu'il a depuis quelques mois, a tellement épuisé ses forces que nous avons cru tous qu'il expireroit dans votre cour. On est venu dans le jardin où je me promenois m'informer de son état ; j'ai couru à lui, et n'ai eu que le temps de faire ouvrir cet appartement, où je l'ai laissé avec Brunon, qui le garde au moment où je vous parle, ma tante ; je le trouve si affoibli que je ne pense pas qu'il passe la nuit.

— Ah ! mon Dieu ! Monsieur, s'écria sur-le-champ Mme Dorfrainville à Dursan le fils, quoi ! votre père est-il si mal que cela ? » Car elle jugea bien qu'il falloit imiter ma discrétion, et se taire sur le nom du malade, puisque je le cachois moi-même.

« Ah ! Madame, ajouta-t-elle, que j'en suis fâchée ! — Vous le connoissez donc? lui dit ma tante. — Oui, vraiment, je le connois, lui et toute sa famille ; il est allié par sa mère aux meilleures maisons de ce pays-ci ; il me vint voir il y a quelques jours ; sa femme et son fils étoient avec lui ; je vous dirai qui ils sont ; je leur offris ma maison, et je travaille même à terminer la malheureuse affaire qui l'a amené ici. Il est vrai, Monsieur, que votre père me fit peur avec le visage qu'il avoit. Il est hydropique, Madame, il est dans l'affliction, et je vous demande toutes vos bontés pour lui ; elles ne sauroient être ni mieux placées ni plus légitimes. Permettez que je vous quitte, il faut que je le voie.

— Oui, Madame, répondit ma tante ; allons-y ensemble ; descendons, ma nièce me donnera le bras. »

Je ne jugeai pas à propos qu'elle le vît alors ; je fis réflexion qu'en retardant un peu, le hasard pourroit nous amener des circonstances encore plus attendrissantes et moins équivoques pour le succès. En un mot, il me sembla que ce seroit aller trop vite, et qu'avec une femme aussi ferme dans ses résolutions et d'aussi bon sens que ma tante, tant de précipitation nous nuiroit peut-être, et sentiroit la manœuvre ; que Mme Dursan pourroit regarder toute cette aventure-ci comme un tissu de faits concertés, et la maladie de son fils comme un jeu joué pour la toucher ; au lieu qu'en différant d'un jour ou même de quelques heures, il alloit se passer des événemens qui ne lui permettroient plus la moindre défiance.

J'avois donné ordre qu'on allât chercher un médecin et un prêtre ; je ne doutois pas qu'on n'administrât M. Dursan ; c'étoit au milieu de cette auguste et effrayante cérémonie que j'avois dessein de placer la reconnoissance entre la mère et le fils, et cet instant me paroissoit infiniment plus sûr que celui où nous étions.

J'arrêtai donc ma tante. « Non, lui dis-je, il n'est pas nécessaire que vous descendiez encore ; j'aurai soin que rien ne manque à l'ami de madame ; vous avez de la peine à marcher : attendez un peu, ma tante ; je vous dirai comment il est. Si on juge à propos de le confesser et de lui apporter les sacremens, il sera temps alors que vous le voyiez. »

Mme Dorfrainville, qui régloit sa conduite sur la mienne, fut du même sentiment. Dursan le fils se joignit à nous, et la supplia de se tenir dans sa chambre ; de sorte qu'elle nous laissa aller, après avoir dit quelques paroles obligeantes à ce jeune homme, qui lui baisa la main d'une manière aussi respectueuse que tendre, et dont l'action parut la toucher.

Nous trouvâmes la fausse Brunon baignée de ses larmes, et je ne m'étois point trompée dans mon pronostic sur son mari ; il ne respiroit plus qu'avec tant de peine qu'il en avoit le visage tout en sueur ;

et le médecin, qui venoit d'arriver avec le prêtre que j'avois envoyé chercher, nous assura qu'il n'avoit plus que quelques heures à vivre.

Nous nous retirâmes dans une autre chambre ; on le confessa, après quoi nous rentrâmes. Le prêtre, qui avoit apporté tout ce qu'il falloit pour le reste de ses fonctions, nous dit que le malade avoit exigé de lui qu'il allât prier Mme Dursan de vouloir bien venir avant qu'on achevât de l'administrer.

« Il vous a apparemment confié qui il est ? lui dis-je alors; mais, Monsieur, êtes-vous chargé de le nommer à ma tante avant qu'elle le voie ? — Non, Mademoiselle, me répondit-il; ma commission se borne à la supplier de descendre. »

J'entendis alors le malade qui m'appeloit d'une voix foible, et nous nous approchâmes.

« Ma chère parente, me dit-il à plusieurs reprises, suivez mon confesseur chez ma mère avec Mme Dorfrainville, je vous en conjure, et appuyez toutes deux la prière qu'il va lui faire de ma part. — Oui, mon cher cousin, lui dis-je, nous allons l'accompagner ; je suis même d'avis que votre femme, pour qui elle a de l'amitié, vienne avec nous, pendant que votre fils restera ici. »

Et effectivement il me passa dans l'esprit qu'il falloit que sa femme nous suivît aussi.

Ma tante, suivant toute apparence, ne manqueroit pas d'être étonnée du message qu'on nous envoyoit faire auprès d'elle. Je me souvins d'ailleurs que, la première fois qu'elle avoit parlé au jeune homme, elle avoit cru entendre le son de la voix de son fils, à ce qu'elle me dit ; je songeai encore à cette bague qu'elle avoit trouvée si ressemblante à celle qu'elle avoit autrefois donnée à Dursan. « Et que sait-on, me disois-je, si elle ne se rappellera pas ces deux articles, et si la visite dont nous allons la prier à la suite de tout cela ne la conduira pas à conjecturer que ce malade qui presse tant pour la voir est son fils lui-même ? »

Or, en ce cas, il étoit fort possible qu'elle refusât de venir ; d'un autre côté, son refus, quelque obstiné qu'il fût, n'empêcheroit pas qu'elle n'eût de grands mouvemens d'attendrissement, et il me sembloit qu'alors Brunon, qu'elle aimoit, venant à l'appui de ces mouvemens, et se jetant tout d'un coup en pleurs aux genoux de sa belle-mère, triompheroit infailliblement de ce cœur opiniâtre.

Ce que je prévoyois n'arriva pas ; ma tante ne fit aucune des réflexions dont je parle, et cependant la présence de Brunon ne nous fut pas absolument inutile.

Mme Dursan lisoit quand nous entrâmes dans sa chambre ; elle connoissoit beaucoup l'ecclésiastique que nous lui menions, elle lui confioit même de l'argent pour des aumônes.

« Ah ! c'est vous, Monsieur ? lui dit-elle ; venez-vous me demander quelque chose ? Est-ce vous qu'on a été avertir pour l'inconnu qui est là-bas ?

— C'est de sa part que je viens vous trouver,

Madame, lui répondit-il d'un air extrêmement sérieux; il souhaiteroit que vous eussiez la bonté de le voir avant qu'il mourût, tant pour vous remercier de l'hospitalité que vous lui avez si généreusement accordée que pour vous entretenir d'une chose qui vous intéresse.

— Qui m'intéresse! moi? reprit-elle. Eh! que que peut-il avoir à me dire qui me regarde? — Vous avez, dit-il, un fils qu'il connoît, avec qui il a longtemps vécu avant que d'arriver en ce pays-ci; et c'est de ce fils dont il a à vous parler.

— De mon fils! s'écria-t-elle encore; ah! Monsieur, ajouta-t-elle après un grand soupir, qu'on me laisse en repos là-dessus; dites-lui que je suis très sensible à l'état où il est; que, si Dieu dispose de lui, il n'est point de services ni de sortes de secours que sa femme et son fils ne puissent attendre de moi. Je n'ai point encore vu la première, et, si on ne l'a pas avertie de l'état où est son mari, il n'y a qu'à dire où elle est, et je lui enverrai sur-le-champ mon carrosse; mais, si le malade croit me devoir quelque reconnoissance, le seul témoignage que je lui en demande, c'est de me dispenser de savoir ce que le malheureux qui m'appelle sa mère l'a chargé de me dire; ou bien, s'il est absolument nécessaire que je le sache, qu'il lui suffise que vous me l'appreniez, Monsieur. »

Nous ne crûmes pas devoir encore prendre la parole, et nous laissâmes répondre l'ecclésiastique.

« Il peut être question d'un secret qui ne sauroit

être révélé qu'à vous, Madame, et dont vous seriez fâchée qu'on eût fait confidence à un autre. Considérez, s'il vous plaît, Madame, que celui qui m'envoie est un homme qui se meurt, qu'il a sans doute des raisons essentielles pour ne parler qu'à vous, et qu'il y auroit de la dureté, dans l'état où il est, Madame, à vous refuser à ses instances.

— Non, Monsieur, répondit-elle ; la promesse qu'il peut avoir faite à mon fils de ne dire qu'à moi ce dont il s'agit ne m'oblige à rien, et ne m'en laisse pas moins la maîtresse d'ignorer ce que c'est. Cependant, de quelque nature que soit le secret qu'il est si important que je sache, je consens, Monsieur, qu'il vous le déclare. Je veux bien le partager avec vous ; si je fais une imprudence, je n'en accuserai personne, et ne m'en prendrai qu'à moi.

— Eh! ma tante, lui dis-je alors, tâchez de surmonter votre répugnance là-dessus ; l'inconnu, qui l'a prévue, nous a demandé en grâce, à Mme Dorfrainville et à moi, de joindre nos prières à celles de monsieur.

— Oui, Madame, reprit à son tour Mme Dorfrainville, je lui ai promis aussi de vous amener, d'autant plus qu'il m'a bien assuré que vous vous reprocheriez infailliblement de n'avoir pas voulu descendre.

— Ah! quelle persécution! s'écria cette mère tout émue ; quel quart d'heure pour moi! De quoi faut-il donc qu'il m'instruise? Et vous, Brunon, ajouta-t-elle en jetant les yeux sur sa belle-fille qui laissoit couler quelques larmes, pourquoi pleurez-vous?

— C'est qu'elle a reconnu le malade, répondis-je pour elle, et qu'elle est touchée de le voir mourir.

— Quoi! tu le connois aussi? reprit ma tante en lui adressant encore ces paroles. — Oui, Madame, repartit-elle, il a des parens pour qui j'aurai toute ma vie des sentimens de tendresse et de respect, et je vous les nommerois, s'il ne vouloit pas rester inconnu.

— Je ne demande point à savoir ce qu'il veut qu'on ignore, répondit ma tante; mais, puisque tu sais qui il est, et qu'il a vécu longtemps avec Dursan, dit-elle, ne les aurois-tu pas vus ensemble? — Oui, Madame, je vous l'avoue, reprit-elle; j'ai connu même le fils de M. Dursan dès sa plus tendre enfance.

— Son fils! répondit-elle en joignant les mains; il a donc des enfans? — Je pense qu'il n'en a qu'un, Madame, répondit Brunon. — Hélas! que n'est-il encore à naître! s'écria ma tante. Que fera-t-il de la vie? Que deviendra-t-il, et qu'avois-je affaire de savoir tout cela? Tu me perces le cœur, Brunon, tu me le déchires; mais parle, ne me cache rien; tu es peut-être mieux instruite que tu ne veux me le dire; où est à présent son père? Quelle étoit sa situation quand tu l'as quitté? Que faisoit-il? — Il étoit malheureux, Madame, repartit Brunon en baissant tristement les yeux.

— Il étoit malheureux, dis-tu? Il a voulu l'être. Achève, Brunon; seroit-il veuf? — Non, Madame, répondit-elle avec un embarras qui ne fut remarqué que de nous qui étions au fait; je les ai vus tous trois; leur état auroit épuisé votre colère.

— En voilà assez, ne m'en dis pas davantage, dit alors ma tante en soupirant; quelle destinée, mon Dieu! Quel mariage! Elle étoit donc avec lui, cette femme que le misérable s'est donnée, et qui le déshonore? »

Brunon rougit à ce dernier mot dont nous souffrîmes tous; mais elle se remit bien vite, et, prenant ensuite un air doux, tranquille, où je vis même de la dignité:

« Je répondrois de votre estime pour elle, si vous pouviez lui pardonner d'avoir manqué de bien et de naissance, répondit-elle; elle a de la vertu, Madame; tous ceux qui la connoissent vous le diront. Il est vrai que ce n'étoit pas assez pour être Mme Dursan; mais je suis bien à plaindre moi-même, si ce n'en est pas assez pour n'être point méprisable.

— Eh! que me dis-tu là, Brunon? repartit-elle. Encore si elle te ressembloit! »

Là-dessus je m'aperçus que Brunon étoit toute tremblante, et qu'elle me regardoit comme pour savoir ce que je lui conseillois de faire; mais, pendant que je délibérois, ma tante, qui se leva sur-le-champ pour venir avec nous, interrompit si brusquement cet instant favorable à la réconciliation, et par là le rendit si court, qu'il étoit déjà passé quand Brunon jeta les yeux sur moi; ce n'auroit plus été le même, et je jugeai à propos qu'elle se contînt.

Il y a de ces instans-là qui n'ont qu'un point qu'il faut saisir; et ce point, nous l'avions manqué, je le sentis.

Quoi qu'il en soit, nous descendîmes. Aucun de nous n'eut le courage de prononcer un mot; le cœur me battoit, à moi. L'événement que nous allions tenter commençoit à m'inquiéter pour elle; j'appréhendois que ce ne fût la mettre à une trop forte épreuve; mais il n'y avoit plus moyen de s'en dédire; j'avois tout disposé moi-même pour arriver à ce terme que je redoutois; le coup qui devoit la frapper étoit mon ouvrage; et d'ailleurs il étoit sûr que, sans le secours de tant d'impressions, que j'allois, pour ainsi dire, assembler sur elle, il ne falloit pas espérer de réussir.

Enfin nous parvînmes à cet appartement du malade. Ma tante soupiroit en entrant dans sa chambre. Brunon, sur qui elle s'appuyoit aussi bien que sur moi, étoit d'une pâleur à faire peur. Je sentois mes genoux se dérober sous moi. Mme Dorfrainville nous suivoit dans un silence inquiet et morne. Le confesseur, qui marchoit devant nous, entra le premier, et les rideaux du lit n'étoient tirés que d'un côté.

Cet ecclésiastique s'avança donc vers le mourant, qu'on avoit soulevé pour le mettre plus à son aise.

Son fils, qui étoit au chevet, et qui pleuroit à chaudes larmes, se retira un peu; le jour commençoit à baisser, et le lit étoit placé dans l'endroit le plus sombre de la chambre.

« Monsieur, dit l'ecclésiastique à ce mourant, je vous amène Mme Dursan, que vous avez souhaité de voir avant que de recevoir votre Dieu. La voici. »

Le fils alors leva sa main foible et tremblante, et tâcha de la porter à sa tête pour se découvrir; mais ma tante, qui arrivoit en ce moment auprès de lui, se hâta d'avancer sa main pour retenir la sienne.

« Non, Monsieur, non, restez comme vous êtes, je vous prie; vous n'êtes que trop dispensé de toute cérémonie », lui dit-elle sans l'envisager encore.

Après quoi nous la plaçâmes dans un fauteuil à côté du chevet, et nous nous tînmes debout auprès d'elle.

« Vous avez désiré m'entretenir, Monsieur; voulez-vous qu'on s'écarte? Ce que vous avez à me dire doit-il être secret? » reprit-elle ensuite, moins en le regardant qu'en prêtant l'oreille à ce qu'il alloit répondre.

Le malade là-dessus fit un soupir; et, comme elle appuyoit son bras sur le lit, il porta la main sur la sienne; il la lui prit, et, dans la surprise où elle étoit de ce qu'il faisoit, il eut le temps de l'approcher de sa bouche, d'y coller ses lèvres, en mêlant aux baisers qu'il y imprimoit quelques sanglots à demi étouffés par sa foiblesse et par la peine qu'il avoit à respirer.

A cette action, la mère, alors troublée et confusément au fait de la vérité, après avoir jeté sur lui des regards attentifs et effrayés : « Que faites-vous donc là? lui dit-elle d'une voix que son effroi rendoit plus forte qu'à l'ordinaire. Qui êtes-vous, Monsieur? — Votre victime, ma mère, répondit-il du ton d'un homme qui n'a plus qu'un souffle de vie.

— Mon fils! Ah! malheureux Dursan! je te reconnois assez pour en mourir de douleur! » s'écria-t-elle en retombant dans le fauteuil, où nous la vîmes pâlir et rester comme évanouie.

Elle ne l'étoit pas cependant; elle se trouva mal, mais elle ne perdit pas connoissance; et nos cris, avec les secours que nous lui donnâmes, rappelèrent insensiblement ses esprits.

« Ah! mon Dieu! dit-elle après avoir jeté quelques soupirs, à quoi m'avez-vous exposée, Tervire?

— Hélas! ma tante, lui répondis-je, falloit-il vous priver du plaisir de pardonner à un fils mourant? Ce jeune homme n'a-t-il pas des droits sur votre cœur? N'est-il pas digne que vous l'aimiez? Et pouvons-nous le dérober à vos tendresses? » ajoutai-je en lui montrant Dursan le fils, qui se jeta sur-le-champ à ses genoux, et à qui cette grand'mère, déjà toute rendue, tendit languissamment une main qu'il baisa en pleurant de joie. Et nous pleurions tous avec lui. Mme Dursan, qui n'étoit encore que Brunon, l'ecclésiastique lui-même, Mme Dorfrainville et moi, nous contribuâmes tous à l'attendrissement de cette tante qui pleuroit aussi, et qui ne voyoit autour d'elle que des larmes qui la remercioient de s'être laissé toucher.

Cependant tout n'étoit pas fait : il nous restoit encore à la fléchir pour Brunon, qui étoit à genoux derrière le jeune Dursan, et qui, malgré les signes que je lui faisois, n'osoit s'avancer, dans la crainte de nuire à son mari et à son fils, et d'être encore un obstacle à leur réconciliation.

En effet, nous n'avions eu jusque-là qu'à rappeler la tendresse d'une mère irritée, et il s'agissoit ici de triompher de sa haine et de son mépris pour une étrangère qu'elle aimoit à la vérité, mais sans la connoître et sous un autre nom.

Cependant ma tante regardoit toujours le jeune Dursan avec complaisance, et ne retiroit point sa main qu'il avoit prise. « Lève-toi, mon enfant, lui dit-elle à la fin ; je n'ai rien à te reprocher à toi. Hélas ! comment te résisterois-je, moi qui n'ai pas tenu contre ton père ! »

Ici les caresses du jeune homme et nos larmes de joie redoublèrent.

« Mon fils, dit-elle après en s'adressant au malade, est-ce qu'il n'y a pas moyen de vous guérir ? Qu'on lui cherche partout du secours, nous avons des médecins dans la ville prochaine ; qu'on les fasse venir et qu'on se hâte.

— Mais, ma tante, lui dis-je alors, vous oubliez encore une personne qui est chère à vos enfans, qui nous intéresse tous, et qui vous demande la permission de se montrer.

— Je t'entends, dit-elle. Eh bien, je lui pardonne; mais je suis bien âgée, ma vie ne sera pas encore bien longue; qu'on me dispense de la voir. — Il n'est plus temps, ma tante, lui dis-je alors; vous l'avez déjà vue, vous la connoissez, Brunon vous le dira. — Moi, je la connois! reprit-elle; Brunon dit que je l'ai vue? Eh! où est-elle? — A vos pieds », répondit Dursan le fils. Et celle-ci à l'instant venoit de s'y jeter.

Ma tante, immobile à ce nouveau spectacle, resta quelque temps sans prononcer un mot, et puis, tendant les bras à sa belle-fille : « Venez donc, Brunon, lui dit-elle en l'embrassant; venez, que je vous paye de vos services. Vous me disiez que je la connoissois, vous autres; il falloit dire aussi que je l'aimois. »

Brunon, que j'appellerai à présent Mme Duisan, parut si sensible à la bonté de ma tante qu'elle en étoit comme hors d'elle-même. Elle embrassoit son fils, elle nous accabloit de caresses, Mme Dorfrainville et moi; elle alloit se jeter au cou de son mari, elle lui amenoit son fils; elle lui disoit de vivre, de prendre courage; il l'embrassoit lui-même, tout expirant qu'il étoit; il demandoit sa mère qui alla l'embrasser à son tour, en soupirant de le voir si mal.

Il s'affoiblissoit à tout moment cependant; il nous le dit même, et pressa l'ecclésiastique d'achever ses fonctions; mais, comme, après tout ce qui venoit de se passer, il avoit besoin d'un peu de recueillement, nous jugeâmes à propos de nous retirer tous, en attendant que la cérémonie se fît.

Ma tante, qui, de son côté, n'avoit pu supporter tant de mouvemens et tant d'agitations sans en être affoiblie, nous pria de la ramener dans sa chambre.

« Je me sens épuisée, je n'en puis plus, dit-elle à Mme Dursan; je n'aurois pas la force d'assister à ce qu'on va faire; aidez-moi à remonter, Brunon » (car elle ne l'appela plus autrement), et nous la conduisîmes chez elle. Je la trouvai même si abattue que je lui proposai de se coucher pour se mieux reposer; elle y consentit.

Je voulus sonner pour faire venir une autre femme de chambre; mais Mme Dursan la jeune m'en empêcha. « Oubliez-vous que Brunon est ici? » me dit-elle. Et elle se mit sur-le-champ à la déshabiller.

« Comme vous voudrez, ma fille », lui dit ma tante, qui reçut son action de bonne grâce, et ne voulut pas s'y opposer, de peur qu'elle ne regardât son refus comme un reste d'éloignement pour elle. Après quoi, elle nous renvoya tous chez le malade, et il ne resta qu'une femme de chambre auprès d'elle.

Son dessein n'étoit pas de rester au lit plus de

deux ou trois heures; elle devoit ensuite revenir chez son fils; mais il étoit arrêté qu'elle ne le verroit plus.

A peine fut-elle couchée que ses indispositions ordinaires augmentèrent si fort qu'elle ne put se relever; et à dix heures du soir son fils étoit mort.

Ma tante le comprit aux mouvemens que nous nous donnions, Mme Dorfrainville et moi, qui descendions tour à tour, et à l'absence de Mme Dursan et de son fils, qui n'étoient ni l'un ni l'autre remontés chez elle.

« Je ne revois ni Dursan ni sa mère, me dit-elle un quart d'heure après que Dursan le père eut expiré; ne me cache rien : est-ce que je n'ai plus de fils? » Je ne lui répondis pas, mais je pleurai. « Dieu est le maître », continua-t-elle tout de suite sans verser une larme, et avec une sorte de tranquillité qui m'effraya, que je trouvai funeste, et qui ne pouvoit venir que d'un excès de consternation et de douleur.

Je ne me trompai pas. Ma tante fut plus mal de jour en jour; rien ne put la tirer de la mélancolie dans laquelle elle tomba; la fièvre la prit et ne la quitta plus.

Je ne vous dis rien de l'affliction de Mme Dursan et de son fils; la première me fit pitié, tant je la trouvai accablée. Le testament qui déshéritoit son mari n'étoit pas encore révoqué; peut-être appréhendoit-elle que ma tante ne mourût sans en faire un autre, et ce n'auroit pas été ma faute; je l'en avois déjà pressée plusieurs fois, et elle me renvoyoit toujours au lendemain.

Mme Dorfrainville, qui lui en avoit parlé aussi, passa trois ou quatre jours avec nous; le matin du jour de son départ, nous insistâmes encore l'une et l'autre sur le testament.

« Ma nièce, me dit alors ma tante, allez prendre une petite clef à tel endroit; ouvrez cette armoire et apportez-moi un paquet cacheté que vous verrez à l'entrée. » Je fis ce qu'elle me disoit; et dès qu'elle eut le paquet :

« Qu'on ait la bonté de me laisser seule une demi-heure », nous dit-elle. Et nous nous retirâmes.

Tout ceci s'étoit passé entre nous trois; Mme Dursan et son fils n'y avoient point été présens; mais ma tante les envoya chercher, quand elle nous eut fait rappeler, Mme Dorfrainville et moi.

Nous jugeâmes qu'elle venoit d'écrire; elle avoit encore une écritoire et du papier sur son lit, et elle tenoit d'une main le papier cacheté que je lui avois donné.

« Voici, dit-elle à Mme Dursan, le testament que j'avois fait en faveur de ma nièce; mon dessein, depuis le retour de mon fils, a été de le supprimer; mais il y a quatre jours qu'elle m'en sollicite à chaque instant; et je vous le remets, afin que vous y voyiez vous-même que je lui laissois tout mon bien. »

Après ces mots, elle le lui donna. Prenant ensuite un second papier cacheté, qu'elle présenta à

Mme Dorfrainville : « Voici, poursuivit-elle, un autre écrit, dont je prie madame de vouloir bien se charger ; et, quoique je ne doute pas que vous ne satisfassiez de bonne grâce aux petites dispositions que vous y trouverez, ajouta-t-elle en adressant la parole à Mme Dursan, j'ai cru devoir encore vous les recommander, et vous dire qu'elles me sont chères, qu'elles partent de mon cœur, qu'en un mot j'y prends l'intérêt le plus tendre, et que vous ne sauriez ni prouver mieux votre reconnoissance à mon égard, ni mieux honorer ma mémoire, qu'en exécutant fidèlement ce que j'exige de vous dans cet écrit que je confie à Mme Dorfrainville. Pour vous y exciter encore, songez que je vous aime, que j'ai du plaisir à penser que vous allez être dans une meilleure fortune, et que tous ces sentimens avec lesquels je meurs pour vous sont autant d'obligations que vous avez à ma nièce. »

Elle s'arrêta là, et demanda à se reposer ; Mme Dorfrainville l'embrassa, partit à onze heures, et six jours après ma tante n'étoit plus.

Vous concevez aisément quelle fut ma douleur. Mme Dursan parut faire tout ce qu'elle put pour l'adoucir ; mais je ne fus guère sensible à tout ce qu'elle me disoit, et, quoiqu'elle fût affligée elle-même, je crus voir qu'elle ne l'étoit pas assez ; ses larmes n'étoient pas amères ; il y entroit, ce me semble, beaucoup de facilité de pleurer, et voilà pourquoi elle ne me consoloit pas malgré tous ses efforts.

Son fils y réussissoit mieux ; il avoit, à mon avis, une tristesse plus vraie ; il regrettoit du moins son père de tout son cœur, et ne parloit de ma tante qu'avec la plus tendre reconnoissance, sans songer, comme sa mère, à l'abondance où il alloit vivre.

Et puis je le voyois sincèrement s'intéresser à mon affliction. Ce dernier article n'étoit pas équivoque, et peut-être à cause de cela jugeois-je de lui plus favorablement sur le reste.

Quoi qu'il en soit, Mme Dorfrainville vint deux jours après au château avec le papier cacheté que ma tante lui avoit remis, et qui fut ouvert, en présence de témoins, avec toutes les formalités qu'on jugea nécessaires.

Ma tante y rétablissoit son petit-fils dans tous les droits que son père avoit perdus par son mariage ; mais elle ne le rétablissoit en entier qu'à condition qu'il m'épouseroit, et qu'au cas qu'il en épousât une autre, ou que le mariage ne me convînt pas à moi-même, il seroit obligé de me donner le tiers de tous les biens qu'elle laissoit, de quelque nature qu'ils fussent; qu'au surplus l'affaire de notre mariage se décideroit dans l'intervalle d'un an, à compter du jour où le paquet seroit ouvert, et qu'en attendant il me feroit du même jour une pension de mille écus, dont je jouirois jusqu'à la conclusion de notre mariage, ou jusqu'au moment où j'entrerois en possession du tiers de l'héritage.

« Toutes ces conditions-là sont de trop, s'écria

vivement Dursan le fils pendant qu'on lisoit cet article ; je ne veux rien qu'avec ma cousine. »

Je baissai les yeux, et je rougis d'embarras et de plaisir sans rien répondre ; mais le tiers de ce bien qu'on me donnoit si je ne l'épousois pas ne me tentoit guère.

« Attendez donc qu'on achève, mon fils, lui dit Mme Dursan d'un air assez brusque, que Mme Dorfrainville remarqua comme moi. — J'aurois été honteux de me taire », reprit le jeune homme plus doucement. Et l'on continua de lire.

L'air brusque que Mme Dursan avoit eu avec son fils venoit apparemment de ce qu'elle savoit mon peu de fortune ; et, malgré le tiers du bien de ma tante que je devois emporter si Dursan ne m'épousoit pas, elle le voyoit non seulement en état de faire un très riche mariage, mais encore d'aspirer aux partis les plus distingués par la naissance.

Quoi qu'il en soit, elle ne put s'empêcher, quelques jours après, de dire à Mme Dorfrainville que j'avois bien raison de regretter une tante qui m'avoit si bien traitée. « Qu'appelez-vous bien traitée ? Savez-vous qu'il n'a tenu qu'à Mlle de Tervire de l'être encore mieux ? lui répondit cette dame, qui fut scandalisée de sa façon de penser. Vous ne devez pas oublier que vous n'auriez rien sans elle, sans son désintéressement et sa généreuse industrie. Ne la regardez pas comme une fille qui n'a rien ; votre fils, en l'épousant, Madame, épousera l'héritière de tout le bien qu'il a. Voilà ce qu'il en pense lui-même, et vous ne sauriez aussi penser autrement sans une ingratitude dont je ne vous crois pas capable.

— A l'égard de leur mariage, repartit Mme Dursan en souriant, mon fils est encore si jeune qu'il sera temps d'y songer dans quelques années. — Comme il vous plaira », répondit Mme Dorfrainville, qui ne daigna pas lui en dire davantage, et qui se sépara d'elle avec une froideur dont Mme Dursan profita pour avoir un prétexte de ne la plus voir et pour se délivrer de ses reproches.

Cette femme, que nous avions mal connue, ne s'en tint pas à éloigner le mariage en question. Je sus qu'elle faisoit consulter d'habiles gens pour savoir si on ne pourroit pas attaquer le dernier écrit de ma tante; ce fut encore Mme Dorfrainville qu'on instruisit de cette autre indignité et qui me l'apprit.

Dursan, qui la savoit et qui n'osoit me la dire, étoit au désespoir; ce n'étoit pas de lui dont j'avois à me plaindre alors, il m'aimoit au delà de toute expression; je ne lui dissimulois pas que je l'aimois aussi; et plus Mme Dursan en usoit mal avec moi, plus son fils, que je croyois si différent d'elle, me devenoit cher; mon cœur le récompensoit par là de ce qu'il ne ressembloit pas à sa mère.

Mais cette mère, tout ingrate qu'elle étoit, avoit un ascendant prodigieux sur lui; il n'osoit lui parler avec autant de force qu'il l'auroit dû; il n'en avoit pas le courage. Pour le faire taire, elle n'avoit qu'à lui dire : « Vous me chagrinez » ; c'en étoit fait, il n'alloit pas plus loin.

Les mauvaises intentions de cette mère ne se déterminèrent pas à me disputer, s'il étoit possible, le tiers du bien qui m'appartenoit ; elle résolut encore de m'écarter de chez elle, dans l'espérance que son fils, en cessant de me voir, cesseroit aussi de m'aimer avec tant de tendresse, et ne seroit plus si difficile à amener à ce qu'elle vouloit ; et voici ce qu'elle fit pour parvenir à ses fins.

Je vous ai dit qu'il y avoit une espèce de rupture, ou du moins une grande froideur entre Mme Dorfrainville et elle ; ce fut à moi à qui elle s'en prit. « Mademoiselle, me dit-elle, Mme Dorfrainville est toujours votre amie et n'est plus la mienne ; comment cela se peut-il ? — Je vous le demande, Madame, lui répondis-je ; vous savez mieux que moi ce qui s'est passé entre vous deux.

— Mieux que vous ! reprit-elle en souriant d'un air ironique ; vous plaisantez, et elle auroit entendu raison si vous l'aviez voulu. Le mariage dont il s'agit n'est pas si pressé.

— Il ne l'est pas pour moi, lui dis-je ; mais elle n'a pas cru que ce fût vous qui dussiez le différer, si j'y consentois.

— Quoi ! Mademoiselle, vous me querellez aussi ? Déjà des reproches du service que vous nous avez rendu ! Cette humeur-là m'alarme pour mon fils, reprit-elle en me quittant.

— J'ai vu Brunon me rendre plus de justice »,

lui criai-je pendant qu'elle s'éloigna ; et depuis ce moment nous ne nous parlâmes presque plus, et j'en essuyai tous les jours tant de dégoûts qu'il fallut enfin prendre mon parti trois mois après la mort de ma tante, et quitter le château malgré la désolation du fils, que je laissai malade de douleur, brouillé avec sa mère, et que je ne pus ni voir ni informer du jour de ma sortie, par tout ce que m'allégua sa mère, qui feignoit ne pouvoir comprendre pourquoi je me retirois, et qui me dit que son fils, avec la fièvre qu'il avoit, n'étoit pas en état de recevoir des adieux aussi étonnans que les miens.

Tant de fourberie me rebuta de lui répondre là-dessus ; mais, pour lui témoigner le peu de cas que je faisois de son caractère : « J'ai demeuré trois mois chez vous, lui dis-je en partant ; il est juste de vous en tenir compte.

— C'est bien plutôt moi qui vous dois trois mois de la pension qu'on vous a laissée, et je vais m'en acquitter tout à l'heure, dit-elle en souriant du compliment que je lui faisois, et dont ma retraite la consoloit. — Non, lui dis-je avec fierté ; gardez votre argent, Madame ; je n'en ai pas besoin à présent. » Et aussitôt je montai dans une chaise que Mme Dorfrainville, chez qui j'allois, m'avoit envoyée.

Je passe la colère de cette dame au récit que je lui fis de tous les désagrémens que j'avois eus au château. J'avois écrit deux fois à ma mère depuis la mort de ma tante, et je n'en avois point eu de réponse, quoiqu'il y eût alors nombre d'années que je n'eusse eu de ses nouvelles, et cela me chagrinoit.

Où pouvoit me jeter une situation comme la mienne? Car, enfin, je ne me voyois rien d'assuré; et, si Mme Dursan, qui avoit tenté d'attaquer le dernier testament de ma tante, parvenoit à le faire casser, que devenois-je? Il n'étoit pas question d'abuser de la retraite que Mme Dorfrainville venoit de me donner; il ne me restoit donc que ma mère à qui je pouvois avoir recours. Une des amies de Mme Dorfrainville, femme âgée, alloit faire un voyage à Paris; je crus devoir profiter de sa compagnie, et partir avec elle; ce que je fis en effet, quinze jours ou trois semaines après ma sortie de chez Mme Dursan, qui m'avoit envoyé ce qui m'étoit dû de ma pension, et dont le fils continuoit d'être malade, et pour qui je ne pus que laisser une lettre que Mme Dorfrainville elle-même me promit de lui faire tenir.

ONZIÈME PARTIE

Il me semble vous entendre d'ici, Madame. « Quoi! vous écriez-vous, encore une partie! Quoi! trois tout de suite! Eh! par quelle raison vous plaît-il d'écrire si diligemment l'histoire d'autrui, pendant que vous avez été si lente à continuer la vôtre? Ne seroit-ce pas que la religieuse auroit elle-même écrit la sienne, qu'elle vous auroit laissé son manuscrit, et que vous le copiez? »

Non, Madame, non, je ne copie rien; je me ressouviens de ce que ma religieuse m'a dit, de même que je me ressouviens de ce qui m'est arrivé; ainsi le récit de sa vie ne me coûte pas moins que le récit de la mienne, et ma diligence vient de ce que je me corrige: voilà tout le mystère. Vous ne m'en croirez pas; mais vous le verrez, Madame, vous le verrez. Poursuivons.

Nous nous retrouvâmes sur le soir dans ma chambre, ma religieuse et moi.

« Voulez-vous, me dit-elle, que j'abrège le reste de mon histoire? Non que je n'aie le temps de la finir cette fois-ci ; mais j'ai quelque confusion de vous parler si longtemps de moi, et je ne demande pas mieux que de passer rapidement sur bien des choses pour en venir à ce qu'il est essentiel que vous sachiez.

— Non, Madame, lui répondis-je, ne passez rien, je vous en conjure ; depuis que je vous écoute, je ne suis plus, ce me semble, si étonnée des événemens de ma vie, je n'ai plus une opinion si triste de mon sort. S'il est fâcheux d'avoir, comme moi, perdu sa mère, il ne l'est guère moins d'avoir, comme vous, été abandonnée de la sienne ; nous avons toutes deux été différemment à plaindre ; vous avez eu vos ressources, et moi les miennes. A la vérité, je crois jusqu'ici que mes malheurs surpassent les vôtres ; mais, quand vous aurez tout dit, je changerai peut-être de sentiment.

— Je n'en doute pas, me dit-elle, achevons.

Je vous ai dit que mon voyage étoit résolu, et je partis quelques jours après avec la dame dont je vous ai parlé.

J'avois été payée d'une moitié de ma pension ; et cette somme, que Mme Dorfrainville avoit bien voulu recevoir pour moi sur ma quittance, avoit été donnée de fort bonne grâce ; Mme Dursan avoit même offert de l'augmenter.

« Nous ne serons pas longtemps sans vous suivre, me dit-elle la veille de mon départ ; mais si, par quelque accident imprévu, vous avez besoin de plus d'argent avant que nous soyons à Paris, écrivez-moi, Mademoiselle, et je vous en enverrai sur-le-champ. »

Ce discours fut suivi de beaucoup de protestations d'amitié qui n'avoient qu'un défaut, c'est qu'elles étoient trop polies ; je les aurois crues plus vraies, si elles avoient été plus simples : le bon cœur ne fait point de complimens.

Quoi qu'il en soit, je partis toujours incertaine du fond de ses sentimens, et par là toujours inquiète du parti qu'elle prendroit, mais en revanche bien convaincue de la tendresse du fils.

Je ne vous en dirai que cela ; je n'ai que trop souffert du ressouvenir de ce qu'il me dit alors aussi bien que dans d'autres temps ; il a fallu les oublier, ces expressions, ces transports, ces regards, cette physionomie si touchante qu'il avoit avec moi, et que je vois encore ; il a fallu n'y plus songer, et, malgré l'état que j'ai embrassé, je n'ai pas eu trop de quinze ans pour en perdre la mémoire.

C'étoit dans un carrosse de voiture que nous voyagions, ma compagne et moi, et nous n'étions plus qu'à vingt lieues de Paris, quand, dans un endroit où l'on s'arrêta quelque temps le matin pour rafraîchir les chevaux, il vint une dame qui demanda s'il y avoit une place pour elle dans la voiture.

Elle étoit suivie d'une paysanne qui portoit une cassette et qui tenoit un sac de nuit sous son bras. « Oui, lui dit le cocher, il y a encore une place de vide à la portière.

— Eh bien ! je la prendrai », répondit la dame,

qui la paya sur-le-champ et qui monta tout de suite en carrosse, après nous avoir tous salués d'un air qui avoit de la dignité, quoique très honnête, et qui ne sentoit point la politesse de campagne. Tout le monde le remarqua, et je le remarquai plus que les autres.

Elle étoit assise à côté d'un vieux ecclésiastique qui alloit plaider à Paris. Ma compagne et moi nous remplissions le fond du devant ; celui du derrière étoit occupé par un homme âgé indisposé et par sa femme. Dans l'autre portière, étoient un officier et la femme de chambre de la dame avec qui je voyageois et qui avoit encore un laquais qui suivoit le carrosse à cheval.

Cette inconnue que nous prîmes en chemin étoit grande, bien faite ; je lui aurois donné près de cinquante ans, cependant elle ne les avoit pas ; on eût dit qu'elle relevoit de maladie, et cela étoit vrai. Malgré sa pâleur et son peu d'embonpoint, on lui voyoit les plus beaux traits du monde, avec un tour de visage admirable, et je ne sais quoi de fin qui faisoit penser qu'elle étoit une femme de distinction. Toute sa figure avoit un air d'importance naturelle qui ne vient pas de fierté, mais de ce qu'on est accoutumé aux attentions, et même aux respects de ceux avec qui l'on vit dans le grand monde.

A peine avions-nous fait une lieue depuis la buvette que le mouvement de la voiture incommoda notre nouvelle venue.

Je la vis pâlir, ce qui fut bientôt suivi de maux de cœur.

On voulut faire arrêter; mais elle dit que ce n'étoit pas la peine, et que cela ne dureroit pas; et, comme j'étois la plus jeune de toutes les personnes qui occupoient les meilleures places, je la pressai beaucoup de se mettre à la mienne, et l'en pressai d'une manière aussi sincère qu'obligeante.

Elle parut extrêmement touchée de mes instances, me fit sentir combien elle les estimoit de ma part, et mêla même quelque chose de si flatteur pour moi dans ce qu'elle me répondit que mes empressemens en redoublèrent; mais il n'y eut pas moyen de la persuader, et en effet son indisposition se passa.

Comme elle étoit placée auprès de moi, nous avions de temps en temps de petites conversations ensemble.

La dame que j'ai appelée ma compagne, et qui étoit d'un certain âge, m'appeloit presque toujours sa fille quand elle me parloit, et là-dessus notre inconnue crut qu'elle étoit ma mère.

« Non, lui dis-je, c'est une amie de ma famille qui a la bonté de se charger de moi jusqu'à Paris, où nous allons toutes deux, elle pour recueillir une succession, et moi pour joindre ma mère, qu'il y a longtemps que je n'ai vue.

— Je voudrois bien être cette mère-là », me dit-elle d'un air doux et caressant, sans me faire de questions sur le pays d'où je venois, et sans me parler de ce qui la regardoit.

Nous arrivâmes à l'endroit où nous devions dîner ; il faisoit un fort beau jour, et il y avoit dans l'hôtellerie un jardin qui me parut assez joli. Je fus curieuse de le voir, et j'y entrai. Je m'y promenai même quelques instans pour me délasser d'avoir été assise toute la matinée.

Mme Darcire (c'est le nom de ma compagne) étoit à l'entrée de ce jardin avec l'ecclésiastique dont je vous ai parlé, pendant que l'officier ordonnoit notre dîner ; l'autre voyageur incommodé et sa femme étoient déjà montés dans la chambre où l'on devoit nous servir et où ils nous attendoient.

L'officier revint, et dit à Mme Darcire qu'il ne nous manquoit que notre nouvelle venue, qui s'étoit retirée, et qui apparemment avoit dessein de manger à part.

Je me promenois alors dans un petit bois que cette dame eut envie de voir aussi. L'ecclésiastique et l'officier la suivirent, et il y avoit déjà une bonne demi-heure que nous nous y amusions, quand le laquais de Mme Darcire vint nous avertir qu'on alloit servir ; nous prîmes donc le chemin de la chambre où je viens de vous dire que deux de nos voyageurs étoient d'abord montés.

J'ignorois que notre inconnue se fût séparée ; on n'en avoit rien dit devant moi, de sorte qu'en traversant la cour, je la vis dans un cabinet à rez-de-chaussée, dont les fenêtres étoient ouvertes, et on lui apportoit à manger dans le même moment.

« Comment ! dis-je à l'officier, est-ce dans ce cabinet que nous dînons ? Nous n'y serons guère à notre aise. — Aussi n'est-ce pas là que nous allons, me répondit-il, c'est en haut ; mais cette dame a voulu dîner toute seule.

— Il n'y a pas d'apparence qu'elle eût pris ce parti-là si on l'avoit priée d'être des nôtres, repris-je : peut-être s'attendoit-elle là-dessus à une politesse que personne de nous ne lui a faite, et je suis d'avis d'aller sur-le-champ réparer cette faute. »

Je laissai en effet monter les autres et me hâtai d'entrer dans ce cabinet. Elle prenoit sa serviette et n'avoit pas encore touché à ce qu'on lui avoit apporté : c'étoit un potage et de l'autre côté un peu de viande bouillie sur une assiette.

J'avoue qu'un pareil repas m'étonna ; elle rougit elle-même que j'en fusse témoin ; mais, lui cachant ma surprise :

« Eh quoi ! Madame, lui dis-je, vous nous quittez ! Nous n'aurons pas l'honneur de dîner avec vous ? Nous ne souffrirons pas cette séparation-là, s'il vous plaît ; heureusement que j'arrive à propos ; vous n'avez point encore mangé, et je vous enlève de la part de toute la compagnie, on ne se mettra point à table que vous ne soyez venue. »

Elle s'étoit brusquement levée comme pour m'écarter de la table et de la vue de son dîner. Je me conformai à son intention et ne m'avançai pas.

« Non, Mademoiselle, me répondit-elle en

m'embrassant ; ne prenez pas garde à moi, je vous prie ; j'ai été longtemps malade, et je suis encore convalescente ; il faut que j'observe un régime qui m'est nécessaire, et que j'observerois mal en compagnie. Voilà mes raisons ; voyez si vous voulez que je m'expose ; je suis bien sûre que non, et vous seriez la première à m'en empêcher. » Je crus de bonne foi ce qu'elle me disoit, et je n'en insistai pas moins.

« Je ne me rends point, lui dis-je, et ne veux point vous laisser seule : venez, Madame, et fiez-vous à moi ; je veillerai sur vous avec la dernière rigueur, je vous garderai à vue. On n'a pas encore servi ; il n'y a qu'à dire en passant qu'on joigne votre dîner au nôtre » ; et je la prenois sous le bras pour l'emmener en lui parlant ainsi ; de sorte que je l'entraînois déjà sans qu'elle sût que me répondre, malgré la répugnance que je lui voyois toujours.

« Mon Dieu ! Mademoiselle, me dit-elle en s'arrêtant d'un air triste et même douloureux, que votre empressement me fait de plaisir et de peine ! Faut-il vous parler confidemment ? Je viens d'une petite maison de campagne que j'ai ici près ; j'y avois apporté un certain argent pour y passer environ un mois. Je sortois de maladie, la fièvre m'y a reprise, je m'y suis laissé gagner par le temps ; il ne me reste bien précisément que ce qu'il me faut pour retourner à Paris, où je serai demain, et je ne songe qu'à arriver. Ce que je vous dis là, au reste, n'est fait que pour vous, Mademoiselle ; vous le sentez bien, et vous aurez la bonté de m'excuser auprès des autres sur ma santé. »

Quelque peu de souci qu'elle affectât d'avoir elle-même de cette disette d'argent qu'elle m'avouoit et qu'elle vouloit que je regardasse comme un accident sans conséquence, ce qu'elle me disoit là me toucha cependant, et je crus voir moins de tranquillité sur son visage qu'elle n'en marquoit dans son discours ; il y a de certains états où l'on ne prend pas l'air qu'on veut.

« Eh ! Madame, m'écriai-je avec une franchise vive et badine, et en lui mettant ma bourse dans la main, que j'aie l'honneur de vous être bonne à quelque chose ; servez-vous de cet argent jusqu'à Paris, puisque vous avez négligé d'en faire venir, et ne nous punissez point du peu de précaution que vous avez pris. »

Je déliois les cordons de la bourse en lui parlant ainsi. « Prenez ce qu'il faut, ajoutai-je ; si vous n'en avez pas besoin, vous me le rendrez en arrivant ; sinon, vous me le renverrez le lendemain. »

Elle jeta comme un soupir alors, et laissa même, sans doute malgré elle, échapper une larme. « Vous êtes trop aimable, me répondit-elle ensuite avec un embarras qu'elle combattoit ; vous me charmez, vous me pénétrez d'amitié pour vous ; mais je puis me passer de ce que vous m'offrez de si bonne grâce ; souffrez que je vous remercie ; il n'y a personne de quelque considération dans ces campagnes-ci qui ne me connoisse, et chez qui je ne puisse envoyer si je voulois; mais ce n'est pas la peine, je serai demain chez moi.

— S'il vous est indifférent de rester seule ici, lui répondis-je d'un air mortifié, il ne me l'auroit pas été d'être quelques heures de plus avec vous; c'étoit une grâce que je vous demandois, et qu'à la vérité je ne mérite pas d'obtenir.

— Que vous ne méritez pas ! me repartit-elle en joignant les mains; eh ! comment feroit-on pour ne vous pas aimer? Eh bien, Mademoiselle, que voulez-vous que je prenne? Puisque vous me menacez de croire que je ne vous aime pas, je ferai tout ce que vous exigerez, et je vais vous suivre : êtes-vous contente? »

C'étoit en tenant ma bourse qu'elle me disoit cela. Je l'embrassai de joie : car toutes ses façons me plaisoient, je les trouvois nobles et affectueuses, et ce petit moment de conversation particulière venoit encore de me lier à elle. De son côté, elle me serra tendrement dans ses bras. « Ne disputons plus, me dit-elle après, voilà un de vos louis que je prends; c'est assez, puisqu'il n'est question que de prendre. — Non, répondis-je en riant, n'y eût-il qu'un quart de lieue d'ici chez vous, je vous taxe à davantage. — Eh bien, mettons-en deux pour avoir la paix, et marchons », reprit-elle.

Je l'emmenai donc; il y avoit un instant qu'on avoit servi, et on nous attendoit. On la combla de politesses, et Mme Darcire surtout eut mille attentions pour elle.

Je lui avois promis de veiller sur elle à table, et je lui tins parole, du moins pour la forme; on m'en fit la guerre, on me querella; je ne m'en souciai point. « C'est une rigueur à laquelle je me suis engagée, dis-je. Madame n'est venue qu'à cette condition-là, et je fais ma charge. »

Ma prétendue rigueur n'étoit qu'un prétexte pour lui servir ce qu'il y avoit de meilleur et de plus délicat; et, quoique, pour entrer dans le badinage, elle se plaignît d'être trop gênée, il est vrai qu'elle mangea très peu.

Nous sentîmes tous combien nous aurions perdu si elle nous avoit manqué : il me sembla que nous étions devenus plus aimables avec elle, et que nous avions tous plus d'esprit qu'à l'ordinaire.

Enfin, le dîner fini, nous remontâmes en carrosse, et le souper se passa de même.

Nous n'étions plus le lendemain qu'à une lieue de Paris, quand nous vîmes un équipage s'arrêter près de notre voiture, et que nous entendîmes quelqu'un qui demandoit si Mme Darcire n'étoit pas là.

C'étoit un homme d'affaires à qui elle avoit écrit de venir au-devant d'elle et de lui chercher un hôtel où elle pût avoir un logement convenable; elle se montra sur-le-champ.

Mais, comme nous avions quelques paquets engagés dans le magasin, que le lieu n'étoit pas commode pour les retirer, nous jugeâmes à propos de ne descendre qu'à un petit village qui n'étoit plus qu'à un demi-quart de lieue et où notre cocher nous dit qu'il s'arrêteroit lui-même.

Pendant qu'on y travailla à retirer nos paquets, mon inconnue me prit à quartier dans une petite cour, et voulut, en m'embrassant, me rendre les deux louis d'or que je l'avois forcée de prendre.

« Vous n'y songez pas, lui dis-je, vous n'êtes pas encore arrivée, gardez-les jusque chez vous ; que je les reprenne aujourd'hui ou demain, n'est-ce pas la même chose ? Avez-vous intention de ne me pas revoir, et me quittez-vous pour toujours ?

— J'en serois bien fâchée, me répondit-elle ; mais nous voici à Paris, nous allons y entrer, c'est comme si j'y étois. — Vous avez beau dire, repris-je en me reculant ; je me méfie de vous, et je vous laisse cet argent précisément pour vous obliger à m'apprendre où je vous retrouverai. »

Elle se mit à rire, et s'avança vers moi ; mais je m'éloignai encore. « Ce que vous faites là est inutile, lui criai-je : donnez-moi mes sûretés ; où logez-vous ?

— Je ne vous en aurois pas moins instruite de l'endroit où je vais, me repartit-elle ; mon nom est Darneuil (ce n'étoit là que le nom d'une petite terre, et elle me cachoit le véritable), et vous aurez de mes nouvelles chez M. le marquis de Viry, rue Saint-Louis au Marais (c'étoit un de ses amis) ; dites-moi à présent à votre tour, ajouta-t-elle, où je vous trouverai.

— Je ne sais point le nom du quartier où nous

allons, lui répondis-je ; mais demain j'enverrai quelqu'un qui vous le dira, si je ne vais pas vous le dire moi-même. »

J'entendis alors Mme Darcire qui m'appeloit, et je me hâtai de sortir de la petite cour pour la joindre ; mon inconnue me suivit, elle dit adieu à Mme Darcire ; je l'embrassai tendrement, et nous partîmes.

En une heure de temps nous arrivâmes à la maison que cet homme d'affaires dont j'ai parlé nous avoit retenue.

Comme la journée n'étoit pas encore fort avancée, j'aurois volontiers été chercher ma mère, si Mme Darcire, qui se sentoit trop fatiguée pour m'accompagner, et dont je ne pouvois prendre que la femme de chambre, ne m'avoit engagée à attendre jusqu'au lendemain.

J'attendis donc, d'autant plus qu'on me dit qu'il y avoit fort loin du quartier où nous étions à celui où je devois aller trouver cette mère qu'il me tardoit, avec tant de raison, de voir et de connoître.

Aussi Mme Darcire ne me fit-elle pas languir le jour d'après ; elle eut la bonté de préférer mes affaires à toutes les siennes, et à onze heures du matin nous étions déjà en carrosse pour nous rendre dans la rue Saint-Honoré, vis-à-vis les Capucins, conformément à l'adresse que j'avois gardée de ma mère, et à laquelle je lui avois écrit mes dernières lettres, qui étoient restées sans réponse.

Notre carrosse arrêta donc à l'endroit que je

viens de dire, et là nous demandâmes la maison de madame la marquise de... (c'étoit le nom de son mari). « Elle n'est plus ici, nous répondit un suisse ou un portier, je ne sais plus lequel des deux. Elle y logeoit il y a environ deux ans ; mais, depuis que M. le marquis est mort, son fils a vendu la maison à mon maître, qui l'occupe à présent.

— M. le marquis est mort ! » m'écriai-je toute troublée, et même saisie d'une certaine épouvante que je ne devois pas avoir : car, dans le fond, que m'importoit la mort de ce beau-père qui m'étoit inconnu, à qui je n'avois jamais eu la moindre obligation, et sans lequel, au contraire, ma mère ne m'auroit pas vraisemblablement oubliée autant qu'elle avoit fait ?

Cependant, en apprenant qu'il ne vivoit plus et qu'il avoit un fils marié, je craignis pour ma mère, qui m'avoit laissée ignorer tous ces événemens ; le silence qu'elle avoit gardé là-dessus m'alarma ; j'aperçus confusément des choses tristes et pour elle et pour moi ; en un mot, cette nouvelle me frappa comme si elle avoit entraîné mille autres accidens fâcheux que je redoutois sans savoir pourquoi.

« Et depuis quand est-il donc mort ? répondis-je d'une voix altérée. — Eh ! mais c'est depuis dix-sept ou dix-huit mois, je pense, reprit cet homme, et six ou sept semaines après avoir marié M. le marquis son fils, qui vient ici quelquefois, et qui demeure à présent à la place Royale.

— Et la marquise sa mère, lui dis-je encore,

loge-t-elle avec lui? — Je ne crois pas, me répondit-il; il me semble avoir entendu dire que non; mais vous n'avez qu'à aller chez lui pour apprendre où elle est; apparemment qu'on vous en informera.

— Eh bien, me dit alors Mme Darcire, il n'y a qu'à retourner au logis, et nous irons à la place Royale après dîner, d'autant plus que j'ai moi-même affaire de ces côtés-là. — Comme vous voudrez », lui répondis-je d'un air inquiet et agité.

Et nous revînmes à la maison.

« Vous voilà bien rêveuse, me dit en chemin Mme Darcire; à quoi pensez-vous donc? Est-ce la mort de votre beau-père qui vous afflige?

— Non, lui dis-je, je ne pourrois en être touchée que pour ma mère, que cet accident intéresse peut-être de plus d'une façon; mais ce qui m'occupe à présent, c'est le chagrin de ne la point voir, et de n'être pas sûre que je la retrouverai chez son fils, puisqu'on vient de nous dire qu'on ne croit pas qu'elle y loge. — Ce n'est pas là un grand inconvénient, me dit-elle; si elle n'y loge pas, nous irons chez elle. »

Mme Darcire fit arrêter chez quelques marchands pour des emplettes : nous rentrâmes ensuite au logis; trois quarts d'heure après le dîner, nous remontâmes en carrosse avec son homme d'affaires, qui venoit d'arriver, et nous prîmes le chemin de la place Royale, où cette dame, par égard pour mon impatience, voulut me mener d'abord, dans l'intention de m'y laisser si nous y trouvions ma mère, d'aller de là à ses propres affaires, et de revenir me reprendre sur le soir s'il le falloit.

Mais ce n'étoit pas la peine de nous arranger là-dessus, et mes inquiétudes ne devoient pas finir sitôt. Ni mon frère ni ma belle-sœur, c'est-à-dire ni M. le marquis ni sa femme, n'étoient chez eux. Nous sûmes de leur suisse que depuis huit jours ils étoient partis pour une campagne à quinze ou vingt lieues de Paris. Quant à ma mère, elle ne logeoit point avec eux, et on ignoroit sa demeure; tout ce qu'on pouvoit m'en dire, c'est que ce jour-là même elle étoit venue à onze heures du matin pour voir son fils, dont elle ne savoit pas l'absence; qu'elle avoit paru fort surprise et fort affligée de le trouver parti; qu'elle arrivoit elle-même de campagne, à ce qu'elle avoit dit, et qu'elle s'étoit retirée sans laisser son adresse.

A ce récit, je retombai dans ces frayeurs dont je vous ai parlé, et je ne pus m'empêcher de soupirer. « Vous dites donc qu'elle étoit affligée du départ de M. le marquis? répondis-je à cet homme. — Oui, Mademoiselle, me repartit-il; c'est ce qui m'en a semblé. — Eh! comment est-elle venue ici? ajoutai-je par je ne sais quel esprit de méfiance sur sa situation, et comme cherchant à tirer des conjectures sur ce qu'on alloit me répondre; étoit-elle dans son équipage ou dans celui d'un de ses amis?

— Oh! d'équipage, me répondit-il, vraiment,

Mademoiselle, elle n'en a point; elle étoit toute seule, et même assez fatiguée : car elle s'est reposée ici près d'un quart d'heure.

— Toute seule, et sans voiture ! m'écriai-je : la mère de M. le marquis ? Voilà qui est bien horrible ! — Ce n'est pas ma faute, et je ne saurois dire autrement, me repartit-il ; au surplus, je ne me mêle point de ces choses-là, et je réponds seulement à ce que vous me demandez.

— Mais, lui dis-je en insistant, ne m'indiquerez-vous point dans ce quartier-ci quelque personne qui la connoisse, chez qui elle aille, et de qui je puisse apprendre où elle loge ?

— Non, reprit-il; elle vient si rarement à l'hôtel, à des heures où il y a si peu de monde, et elle y demeure si peu de temps, que je ne me souviens pas de l'avoir vue parler à d'autres personnes qu'à M. le marquis, son fils, et c'est toujours le matin; encore quelquefois n'est-il pas levé. »

Y avoit-il rien de plus mauvais augure que tout ce que j'entendois là ? « Que ferai-je donc, et quelle est ma ressource ? dis-je d'un air consterné à Mme Darcire qui commençoit aussi à n'avoir pas bonne opinion de tout cela. — Il n'est pas possible, en nous informant avec soin, que nous ne découvrions bientôt où elle est, me dit-elle; il ne faut pas vous inquiéter; ceci n'est qu'un effet du hasard et des circonstances dans lesquelles vous arrivez. » Je ne lui répondis que par un soupir, et nous nous éloignâmes.

Il m'auroit été bien aisé, dans le quartier où nous étions alors, d'aller chercher cette dame avec qui nous avions voyagé, à qui j'avois prêté de l'argent, et de qui je devois savoir des nouvelles chez le marquis de Viry, rue Saint-Louis, à ce qu'elle m'avoit dit; mais dans ce moment-là je ne pensai point à elle; je n'étois occupée que de ma mère, que de mes tristes soupçons sur son état, et que de l'impossibilité où je me voyois de l'embrasser.

Mme Darcire fit tout ce qu'elle put pour rassurer mon esprit et pour dissiper mes alarmes. Mais cette mère, qui étoit venue à pied chez son fils, que sa lassitude avoit obligée de se reposer; cette mère qui faisoit si peu de figure, qui étoit si enterrée que les gens mêmes de son fils ne savoient pas sa demeure, me revenoit toujours dans la pensée.

De la place Royale, nous allâmes chez le procureur de Mme Darcire; de là, dans une maison où l'on avoit mis le scellé, et qui avoit appartenu à la personne dont elle étoit héritière; et elle y demeura près d'une heure et demie, et puis nous rentrâmes au logis avec ce procureur à qui elle devoit donner quelques papiers dont il avoit besoin pour elle.

Cet homme, pendant que nous étions dans le carrosse, parla de quelqu'un qui demeuroit au Marais, et qu'il devoit voir le lendemain au sujet de la succession de Mme Darcire. Comme c'étoit là le quartier du marquis, et celui où j'avois espéré de trouver ma mère, je lui demandai s'il ne la connoissoit pas, sans lui dire cependant que j'étois sa fille.

« Oui, me dit-il; je l'ai vue deux ou trois fois avant la mort de son mari, qui m'avoit en ce temps-là chargé de quelque affaire, mais, depuis qu'il est mort, je ne sais plus ce qu'elle est devenue; j'ai seulement ouï dire qu'elle n'étoit pas fort heureuse.
— Eh! quel est donc son état? lui répondis-je avec une émotion que j'eus bien de la peine à cacher. Son fils est si riche et si grand seigneur! ajoutai-je. — Il est vrai, reprit-il, et il a épousé la fille de M. le duc de... Mais je crois la marquise brouillée avec lui et avec sa belle-fille; cette marquise n'étoit, dit-on, que la veuve d'un très mince et très pauvre gentilhomme de province, dont défunt le marquis devint amoureux dans le pays, et qu'il épousa assez étourdiment, tout riche et tout grand seigneur qu'il étoit lui-même. Aujourd'hui qu'il est mort et que le fils qu'il a eu d'elle s'est marié avec la fille du duc de..., il se peut bien faire que cette fille de duc, je veux dire que madame la marquise la jeune ne voie pas de trop bon œil une belle-mère comme la vieille marquise, et ne se soucie pas beaucoup de se voir alliée à tous les petits hobereaux de sa famille et de celle de son premier mari, dont on dit aussi qu'il reste une fille qu'on n'a jamais vue, et qu'apparemment on n'est pas curieux de voir. Voilà à peu près ce

que je puis recueillir de tous les propos que j'ai entendus tenir à ce sujet-là. »

Les larmes couloient de mes yeux pendant qu'il parloit ainsi; je n'avois pu les retenir à cet étrange discours, et n'étois pas même en état d'y rien répondre.

Mme Darcire, qui étoit la meilleure femme du monde, et qui avoit pris de l'amitié pour moi, avoit rougi plus d'une fois en l'écoutant, et s'étoit même aperçue que je pleurois.

« Qu'appelle-t-on des hobereaux, Monsieur? lui dit-elle quand il eut fini. Il faut que madame la marquise la jeune, toute fille de duc qu'elle est, soit bien mal informée, si elle rougit des alliances dont vous parlez; je lui apprendrois, moi qui suis du pays de cette belle-mère qu'elle méprise, je lui apprendrois que la marquise, qui s'appelle de Tresle en son nom, est d'une des plus nobles et des plus anciennes maisons de notre province; que celle de M. de Tervire, son premier mari, ne le cède à pas une que je connoisse; qu'il n'y en avoit point anciennement de plus considérable par l'étendue de ses terres; et que, toute diminuée qu'elle est aujourd'hui de ce côté-là, M. de Tervire auroit encore laissé à sa veuve plus de dix-huit ou vingt mille livres de rentes sans la mauvaise humeur d'un père qui les lui ôta pour les donner à son cadet; et qu'enfin il n'y a ni gentilhomme, ni marquis, ni duc en France, qui ne pût avec honneur épouser Mlle de Tervire, qui est cette fille qu'on n'a jamais vue à Paris, que madame la marquise laissa effectivement à ses parens quand elle quitta la province, et sur qui aucune fille de ce pays-ci ne l'emportera, ni par la figure, ni par les qualités de l'esprit et du caractère. »

Le procureur alors, qui me vit les yeux mouillés, et qui fit réflexion que c'étoit moi qui lui avois demandé des nouvelles de la vieille marquise, soupçonna que je pouvois bien être cette fille dont il étoit question.

« Madame, dit-il un peu confus à Mme Darcire, quoique je n'aie rapporté que les discours d'autrui, j'ai peur d'avoir fait une imprudence : ne seroit-ce pas Mlle de Tervire elle-même que je vois? »

Il auroit été facile de le lui dissimuler; ma contenance ne le permettoit pas, et ne laissoit pas deux partis à prendre; aussi Mme Darcire n'hésitat-elle point. « Oui, Monsieur, lui dit-elle, vous ne vous trompez pas, c'est elle; voilà cette petite provinciale qu'on n'est pas curieuse de voir, que sans doute on s'imagine être une espèce de paysanne, et à qui on seroit peut-être fort heureuse de ressembler. — Je ne crois pas qu'on y perdît, de quelque manière qu'on soit faite », répondit-il, en me suppliant de lui pardonner ce qu'il avoit dit. Notre carrosse arrêtoit en ce moment; nous étions arrivés, et je ne lui répondis que par une inclination de tête.

Vous jugez bien que, dès qu'il fut sorti, je n'oubliai pas de remercier Mme Darcire du portrait flatteur qu'elle avoit fait de moi, et de cette colère vraiment obligeante avec laquelle elle avoit défendu ma famille et vengé les miens des mépris de ma belle-sœur. Mais ce que le procureur nous avoit dit ne servit qu'à me confirmer dans ce que je pensois de la situation de ma mère, et plus je la croyois à plaindre, plus il m'étoit douloureux de ne savoir où l'aller chercher.

Il est vrai qu'à proprement parler je ne la connoissois pas ; mais c'étoit cela même qui me donnoit ce désir ardent que j'avois de la voir. C'est une si grande et si intéressante aventure que celle de retrouver une mère qui vous est inconnue! Ce seul nom qu'elle porte a quelque chose de si doux!

Et ce qui contribuoit encore beaucoup à m'attendrir pour la mienne, c'étoit de penser qu'on la méprisoit, qu'elle étoit humiliée, qu'elle avoit des chagrins, qu'elle souffroit même : car j'allois jusque-là, et je partageois son humiliation et ses peines; mon amour-propre étoit de moitié avec le sien dans tous les affronts que je supposois qu'elle essuyoit, et j'aurois eu, ce me semble, un plaisir extrême à lui montrer combien j'y étois sensible.

Il se peut bien que mon empressement n'eût pas été si vif si je l'avois sue plus heureuse; et c'est que je ne me serois pas flattée non plus d'être si bien reçue; mais j'arrivois dans des circonstances qui me répondoient de son cœur; j'étois comme sûre de la trouver meilleure mère, et je comptois sur sa tendresse à cause de son malheur.

Malgré toutes les informations que nous fîmes, Mme Darcire et moi, nous avions déjà passé dix ou douze jours à Paris sans avoir pu découvrir où elle étoit, et j'en mourois d'impatience et de chagrin. Partout où nous allions, nous parlions d'elle; bien des gens la connoissoient; tout le monde savoit quelque chose de ce qui lui étoit arrivé, les uns plus, les autres moins; mais, comme je ne déguisois point que j'étois sa fille, que je me produisois sous ce nom-là, je m'apercevois bien qu'on me ménageoit, qu'on ne me disoit pas tout ce qu'on savoit; et le peu que j'en apprenois signifioit toujours qu'elle n'étoit pas à son aise.

Excédée enfin de l'inutilité de mes efforts pour la trouver, nous retournâmes au bout de douze jours, Mme Darcire et moi, à la place Royale, dans l'espérance que ma mère y seroit revenue elle-même, qu'on lui auroit dit que deux dames étoient venues l'y demander, et qu'en conséquence elle auroit bien pu laisser son adresse, afin qu'on la leur donnât, si elles revenoient la chercher.

Autre peine inutile; ma mère n'avoit pas reparu. On lui avoit dit la première fois que le marquis ne seroit de retour que dans trois semaines ou un mois, et sans doute elle attendoit que ce temps-là fût passé pour se remontrer. Ce fut du moins ce qu'en pensa Mme Darcire, qui me le persuada aussi.

Tout affligée que j'étois de voir toujours prolonger mes inquiétudes, je m'avisai de songer que nous étions dans le quartier de Mme Darneuil, de cette dame de la voiture, dont l'adresse étoit chez le marquis de Viry, avec qui, comme vous savez, je m'étois liée d'une amitié assez tendre, et à qui d'ailleurs j'avois promis de donner de mes nouvelles.

Je proposai donc à Mme Darcire d'aller la voir, puisque nous étions si près de la rue Saint-Louis; elle y consentit, et la première maison à laquelle nous nous arrêtâmes pour demander celle du marquis de Viry étoit attenante à la sienne. « C'est la porte d'après », nous dit-on; et un des gens de Mme Darcire y frappa sur-le-champ.

Personne ne venoit, on redoubla, et, après un intervalle de temps assez considérable, parut un très vieux domestique à longs cheveux blancs, qui, sans attendre qu'on lui fît de question, nous dit d'abord que M. de Viry étoit à Versailles avec madame.

« Ce n'est pas à lui que nous en voulons, lui répondis-je, c'est à Mme Darneuil.—Ah! Mme Darneuil, elle ne loge pas ici, reprit-il; mais n'êtes-vous pas des dames nouvellement arrivées de province? — Depuis dix ou douze jours, lui dîmes-nous. — Eh bien, ayez la bonté d'attendre un instant, repartit-il; je vais vous faire parler à une des femmes de madame, qui m'a bien recommandé de l'avertir quand vous viendriez. » Et là-dessus il nous quitta pour aller lentement chercher cette femme, qui descendit et qui vint nous parler à la portière de notre carrosse. « Pouvez-vous, lui dis-je, nous apprendre où est Mme Darneuil? Nous avons cru la trouver ici.

— Non, Mesdames, elle n'y demeure pas, répondit-elle ; mais n'est-ce pas avec vous, Mademoiselle, qu'elle arriva à Paris ces jours passés, et qui lui prêtâtes de l'argent? ajouta-t-elle en m'adressant la parole. — Oui, c'est moi-même qui la forçai d'en prendre, lui dis-je, et j'aurois été charmée de la revoir. Où est-elle ? — Dans le faubourg Saint-Germain, me dit cette femme (et c'étoit précisément notre quartier) ; j'ai même été avant-hier chez elle, mais je ne me souviens plus du nom de sa rue, et elle m'a chargée, dans l'absence de M. le marquis et de madame, de m'informer où vous logez, si on venoit de votre part, et de remettre en même temps ces deux louis d'or que voici. »

Je les pris. « Tâchez, lui dis-je, de la voir demain ; retenez bien, je vous prie, où elle demeure, et vous me le ferez savoir par quelqu'un que j'enverrai ici dans deux ou trois jours. » Elle me le promit, et nous partîmes.

En rentrant au logis, nous vîmes à deux portes au-dessus de la nôtre une grande quantité de peuple assemblé. Tout le monde étoit aux fenêtres ; il sembloit qu'il y avoit eu une rumeur, ou quelque accident considérable ; et nous demandâmes ce que c'étoit.

Pendant que nous parlions, arriva notre hôtesse, grosse bourgeoise d'assez bonne mine, qui sortoit du milieu de la foule de l'air d'une femme qui avoit eu part à l'aventure. Elle gesticuloit beaucoup, elle levoit les épaules. Une partie de ce peuple l'entouroit et elle étoit suivie d'un petit homme assez mal arrangé, qui avoit un tablier autour de lui, et qui lui parloit le chapeau à la main.

« De quoi s'agit-il donc, Madame? lui dîmes-nous dès qu'elle se fut approchée. — Dans un moment, nous répondit-elle, j'irai vous le dire, Mesdames; il faut auparavant que je finisse avec cet homme-ci », qu'elle mena effectivement chez elle.

Un demi-quart d'heure après, elle revint nous trouver. « Je viens de voir la chose du monde qui m'a le plus touchée, nous dit-elle; celui que vous avez vu avec moi tout à l'heure est le maître d'une auberge d'ici près, chez qui depuis dix ou douze jours est venue se loger une femme passablement bien mise, qui même, par ses discours et par ses manières, n'a pas trop l'air d'une femme du commun. Je viens de lui parler, et j'en suis encore tout émue.

« Imaginez-vous, Mesdames, que la fièvre l'a prise deux jours après être entrée chez cet homme qui ne la connoît point, qui lui a loué une de ses chambres, et lui a fait crédit jusqu'ici sans lui demander d'argent, quoique, dès le lendemain de son entrée chez lui, elle eût promis de lui en donner.

Vous jugez bien que dans sa fièvre il lui a fallu des secours qui ont exigé une certaine dépense, et il ne lui en a refusé aucun; il a toujours tout avancé; mais cet homme n'est pas riche; elle se porte un peu mieux aujourd'hui, et un chirurgien qui l'a saignée, qui a eu soin d'elle, qui lui a tenu lieu de médecin, un apothicaire qui lui a fourni des remèdes, demandent à présent tous deux à être payés. Ils ont été chez elle; elle n'a pu les satisfaire, et sur-le-champ ils se sont adressés au maître de l'auberge qui les a été chercher pour elle. Celui-ci, effrayé de voir qu'elle n'avoit pas même de quoi les payer, a non seulement eu peur de perdre aussi ce qu'elle lui devoit, mais encore ce qu'il continueroit à lui avancer.

Sur ces entrefaites, est arrivé un petit marchand de province qui loge ordinairement chez lui. Toutes ses chambres sont louées; il n'y a eu que celle de cette femme qu'il a regardée comme vide, parce qu'elle ne lui donnoit point d'argent. Là-dessus il a pris son parti, et a été lui parler pour la prier de se pourvoir d'une chambre ailleurs, attendu qu'il se présentoit une occasion de mettre dans la sienne quelqu'un dont il étoit sûr, et qui comptoit l'occuper au retour de quelques courses qu'il étoit allé faire dans Paris. « Vous me devez déjà beaucoup, a-t-il ajouté, et je ne vous dis point de me payer; laissez-moi seulement quelques nippes pour mes sûretés, et ne m'ôtez point le profit que je puis retirer de ma chambre. »

« A ce discours, cette femme, qui est un peu rétablie, mais encore trop foible pour sortir et pour déloger ainsi à la hâte, l'a prié d'attendre quelques jours, lui a dit qu'il ne s'inquiétât point, qu'elle le payeroit incessamment, qu'elle avoit même intention de le récompenser de tous ses soins, et que, dans une semaine au plus tard, elle l'enverroit porter un billet chez une personne de chez qui il ne reviendroit point sans avoir de l'argent; qu'il ne s'agissoit que d'un peu de patience; qu'à l'égard des gages, elle n'en avoit point à lui laisser qu'un peu de linge et quelques habits dont il ne feroit rien, et qui lui étoient absolument nécessaires; qu'au surplus, s'il la connoissoit, il verroit bien qu'elle n'étoit point femme à le tromper.

« Je vous rapporte ce discours tel qu'elle le lui a répété devant moi lorsque je suis arrivée; mais il l'avoit déjà forcée de sortir de sa chambre, et de fermer une cassette qu'il vouloit retenir pour nantissement; de sorte que la querelle alors se passoit dans une salle où ils étoient descendus, et où cet homme et sa fille crioient à toute voix contre cette femme qui résistoit à s'en aller. Le bruit, ou plutôt le vacarme qu'ils faisoient, avoit déjà amassé bien du monde, dont une partie étoit même entrée dans cette salle. Je revenois alors de chez une de mes amies qui demeure ici près; et, comme c'est de moi que cet homme tient la maison qu'il occupe, et qui m'appartient, je me suis arrêtée un moment en passant pour savoir d'où venoit ce bruit. Cet homme m'a vue, m'a priée d'entrer, et m'a exposé le fait. Cette femme y a répondu inutilement ce que je viens de vous dire; elle pleuroit, je la voyois plus confuse et plus consternée que hardie; elle ne se défendoit presque que par sa douleur; elle ne jetoit que des soupirs avec un visage plus pâle et plus défait que je ne puis vous l'exprimer. Elle m'a tirée à quartier, m'a suppliée, si j'avois quelque pouvoir sur cet homme, de l'engager à lui accorder le peu de jours de délai qu'elle lui demandoit, m'a donné sa parole qu'il seroit payé, enfin m'a parlé d'un air et d'un ton qui m'ont pénétrée d'une véritable pitié; j'ai même senti de la considération pour elle. Il n'étoit question que de dix écus; si je les perds, ils ne me ruineront pas, et Dieu m'en tiendra compte : il n'y a rien de perdu avec lui. J'ai donc dit que j'allois les payer; je l'ai fait remonter dans sa chambre, où l'on a reporté sa cassette, et j'ai emmené cet homme pour lui compter son argent chez moi. Voilà, Mesdames, mot pour mot l'histoire que je vous conte tout entière, à cause de l'impression qu'elle m'a faite, et il en arrivera ce qui pourra; mais je n'aurois pas eu de repos avec moi sans les dix écus que j'ai avancés. »

Nous ne fûmes pas insensibles à ce récit, Mme Darcire et moi. Nous nous sentîmes attendries pour cette femme, qui, dans une aventure aussi douloureuse, avoit su moins disputer que pleurer; nous donnâmes de grands éloges à la bonne action de notre hôtesse, et nous voulûmes toutes deux y avoir part.

« Le maître de cette auberge est apaisé, lui dîmes-nous, il attendra; mais ce n'est pas assez : cette femme est sans argent apparemment; elle sort de maladie, à ce que vous dites; elle a encore une semaine à passer chez cet homme qui n'aura pas grand égard à l'état où elle est, ni aux ménagemens dont elle a besoin dans une convalescence aussi récente que la sienne. Ayez la bonté, Madame, de lui porter pour nous cette petite somme d'argent que voici (c'étoit neuf ou dix écus que nous lui remettions).

— De tout mon cœur, reprit-elle, j'y vais de ce pas »; et elle partit. A son retour, elle nous dit qu'elle avoit trouvé cette femme au lit, que son aventure l'avoit extrêmement émue, et qu'elle n'étoit pas sans fièvre; qu'à l'égard des dix écus que nous lui avions envoyés, ce n'avoit été qu'en rougissant qu'elle les avoit reçus; qu'elle nous conjuroit de vouloir bien qu'elle ne les prît qu'à titre d'emprunt; que l'obligation qu'elle nous en auroit en seroit plus grande, et sa reconnoissance encore plus digne d'elle et de nous; qu'elle devoit en effet recevoir incessamment de l'argent, et qu'elle ne manqueroit pas de nous rendre le nôtre.

Ce compliment ne nous déplut point; au contraire, il nous confirma dans l'opinion avantageuse que nous avions d'elle. Nous comprîmes qu'une âme ordinaire ne se seroit point avisée de cette honnête et généreuse fierté-là, et nous ne nous en sûmes que meilleur gré de l'avoir obligée; je ne sais pas même à quoi il tint que nous n'allassions la voir, tant nous étions prévenues pour elle. Ce qui est de sûr, c'est que je pensai le proposer à Mme Darcire, qui, de son côté, m'avoua depuis qu'elle avoit eu envie de me le proposer aussi.

En mon particulier je plaignis beaucoup cette inconnue, dont l'infortune me fit encore songer à ma mère, que je ne croyois pas, à beaucoup près, dans des embarras comparables, ni même approchant des siens, mais que j'imaginois seulement dans une situation peu convenable à son rang, quoique supportable et peut-être douce pour une femme qui auroit été d'une condition inférieure à la sienne; je n'allois pas plus loin; et, à mon avis, c'étoit bien en imaginer assez pour la plaindre et pour penser qu'elle souffroit.

L'impossibilité de la trouver m'avoit déterminée à laisser passer huit ou dix jours avant que de retourner chez le marquis son fils, qui devoit, dans l'espace de ce temps, être revenu de la campagne, et chez qui je ne doutois pas que je n'eusse des nouvelles de ma mère, qui auroit aussi attendu qu'il fût de retour pour ne pas reparoître inutilement chez lui.

Deux ou trois jours après qu'on eut porté de notre part de l'argent à cette inconnue, nous sortîmes entre onze heures et midi, Mme Darcire et moi, pour aller à la messe (c'étoit un jour de fête);

et, en revenant au logis, je crus apercevoir, à quarante ou cinquante pas de notre carrosse, une femme que je reconnus pour cette femme de chambre à qui nous avions parlé chez le marquis de Viry, rue Saint-Louis.

Vous vous souvenez bien que je lui avois promis de renvoyer le surlendemain savoir la demeure de Mme Darneuil, qu'elle n'avoit pu m'apprendre la première fois, et j'avois exactement tenu ma parole; mais on avoit dit qu'elle étoit sortie, et par distraction j'avois moi-même oublié d'y renvoyer depuis, quoique c'eût été mon dessein; aussi fus-je charmée de la rencontrer si à propos, et je la montrai aussitôt à Mme Darcire, qui la reconnut comme moi.

Cette femme, qui nous vit de loin, parut nous remettre aussi, et resta sur le pas de la porte de l'aubergiste, chez lequel nous jugeâmes qu'elle alloit entrer.

Nous fîmes arrêter quand nous fûmes près d'elle, et aussitôt elle nous salua. « Je suis bien aise de vous revoir, lui dis-je; je soupçonne que vous allez chez Mme Darneuil, ou que vous sortez de chez elle; aussi vous me direz sa demeure.

— Si vous voulez bien avoir la bonté, nous répondit-elle, d'attendre que j'aie dit un mot à une dame qui loge dans cette auberge, je reviendrai sur-le-champ répondre à votre question, Mademoiselle, et je ne serai qu'un instant.

— Une dame! reprit avec quelque étonnement

Mme Darcire, qui savoit du maître de l'auberge que notre inconnue étoit la seule femme qui logeât chez lui; eh! quelle est-elle donc? » ajouta-t-elle tout de suite. Et puis, se retournant de mon côté : « Ne seroit-ce pas cette personne pour qui nous nous intéressons, me dit-elle, et à qui il arriva cette triste aventure de l'autre jour?

— C'est elle-même, repartit sur-le-champ la femme de chambre sans me donner le temps de répondre; je vois bien que vous parlez d'une querelle qu'elle eut avec l'aubergiste qui vouloit qu'elle sortît de chez lui.

— Voilà ce que c'est, reprit Mme Darcire; et, puisque vous savez qui elle est, par quel accident se trouve-t-elle exposée à de si étranges extrémités? Nous avons jugé par tout ce qu'on nous en a dit que ce doit être une femme de quelque chose.

— Vous ne vous trompez pas, Madame, lui répondit-elle; elle n'est pas faite pour essuyer de pareils affronts, il s'en faut bien; aussi en est-elle retombée malade.—Je suis d'avis que nous allions la voir, si cela ne lui fait point de peine, dit Mme Darcire; montons-y, ma fille (c'étoit moi à qui elle adressoit la parole).

— Vous le pouvez, Mesdames, reprit cette femme, pourvu que vous vouliez bien d'abord me laisser entrer toute seule, afin que je la prévienne sur votre visite et que je sache si vous ne la mortifierez pas; il se pourroit qu'elle vous fît prier de lui épargner cette confusion-là.

— Non, non, dit Mme Darcire, qui étoit peut-être curieuse, mais qui assurément l'étoit encore moins que sensible; non, nous ne risquons point de la chagriner; elle a déjà entendu parler de nous; il y a une personne qui, ces jours passés, l'alla voir de notre part, et je suis persuadée qu'elle nous verra volontiers. Prévenez-la cependant, si vous le jugez à propos; nous allons vous suivre; mais vous entrerez la première, et vous lui direz que nous demeurons dans ce grand hôtel, presque attenant son auberge, que c'est notre hôtesse qui vint la voir, et que nous lui envoyâmes il y a quelques jours. Elle saura bien là-dessus qui nous sommes. »

Nous descendîmes aussitôt de carrosse, et tout s'exécuta comme je viens de le dire. Il n'y avoit qu'un petit escalier à monter, et c'étoit au premier sur le derrière. La femme de chambre se hâta d'entrer; elle avoit en effet des raisons d'avertir l'inconnue qu'elle ne nous disoit pas; et nous nous arrêtâmes un instant assez près de la porte de la chambre, vis-à-vis de laquelle étoit le lit de la malade; de façon que, lorsqu'elle l'ouvrit, nous vîmes à notre aise cette malade qui étoit sur son séant; qui nous vit à son tour, malgré l'obscurité du passage où nous étions arrêtées; que nous reconnûmes enfin, et qui acheva de nous confirmer qu'elle étoit la personne que nous imaginions, par le mouvement de surprise qui lui échappa en nous voyant.

Ce qui fit encore que nous eûmes, elle et nous, tout le temps de nous examiner, c'est que cette porte, qui avoit été un peu trop poussée, étoit restée ouverte.

« Eh! mon Dieu, ma fille, me dit tout bas Mme Darcire, n'est-ce pas là Mme Darneuil ? » Et, pendant qu'elle me parloit ainsi, je vis la malade qui joignit tristement les mains, qui me les tendit ensuite en soupirant, et en jetant sur moi des regards languissans et mortifiés, quoique tendres.

Je n'attendis pas qu'elle s'expliquât davantage, et, pour lui ôter sa confusion à force de caresses, je courus tout émue l'embrasser d'un air si vif et si empressé qu'elle fondit en pleurs dans mes bras, sans pouvoir prononcer un mot dans l'attendrissement où elle étoit.

Enfin, quand ses premiers mouvemens, mêlés sans doute pour elle d'autant d'humiliation que de confiance, furent passés : « Je m'étois condamnée à ne plus vous revoir, me dit-elle, et jamais rien ne m'a tant coûté que cela; c'est ce qu'il y a eu de plus dur pour moi dans l'état où vous me trouvez. »

Je redoublai de caresses là-dessus. « Vous n'y songez pas, lui dis-je en lui prenant une main, pendant qu'elle donnoit l'autre à Mme Darcire, vous n'y songez pas; vous ne nous avez donc crues ni sensibles ni raisonnables? Eh! Madame, à qui n'arrive-t-il pas des chagrins dans la vie? Pensez-vous que nous nous soyons trompées sur les égards et sur la considération qu'on vous doit? et, dans quelque état que vous soyez, une femme comme vous peut-elle jamais cesser d'être respectable? »

Mme Darcire lui tint à peu près les mêmes discours, et effectivement il n'y en avoit point d'autres à lui tenir; il ne falloit que jeter les yeux sur elle pour voir qu'elle étoit hors de sa place.

La femme de chambre avoit les larmes aux yeux, et étoit à quelques pas de nous qui se taisoit. « Vous avez grand tort, lui dis-je, de ne nous avoir pas averties dès la première fois que vous nous vîtes. — Je n'aurois pas mieux demandé, nous dit-elle; mais je n'ai pu me dispenser de suivre les ordres de madame : j'ai été dix-sept ans à son service; c'est elle qui m'a mise chez Mme de Viry; je la regarde toujours comme ma maîtresse, et jamais elle n'a voulu me donner la permission de vous instruire, quand vous viendriez.

— Ne la querellez point, reprit la malade; je n'oublierai jamais les témoignages de son bon cœur. Croiriez-vous qu'elle m'apporta ces jours passés tout ce qu'elle avoit d'argent, tandis que cinq ou six personnes de la première distinction à qui je me suis adressée, et avec qui j'ai vécu comme avec mes meilleurs amis, n'ont pas eu le courage de me prêter une somme médiocre qui m'auroit épargné les extrémités où je me suis vue, et se sont contentées de se défaire de moi avec de fades et honteuses politesses? Il est vrai que je n'ai pas pris l'argent de cette fille; heureusement le vôtre étoit venu alors : votre hôtesse même m'avoit déjà tirée du plus fort de mes embarras, et je m'acquitterai de tout cela dans quelques jours ; mais ma reconnoissance sera toujours éternelle. »

A peine achevoit-elle ce peu de mots qu'un laquais vint dire à Mme Darcire qu'il venoit de mener son procureur à la porte de cette auberge, et qu'il l'y attendoit pour lui rendre une réponse pressée. « Je sais ce que c'est, répondit-elle ; il n'a qu'un mot à me dire, et je vais lui parler dans mon carrosse, après quoi je reviens sur-le-champ. Madame, ajouta-t-elle en s'adressant à l'inconnue, ne pensez plus à ce qui vous est arrivé depuis que vous êtes ici ; tranquillisez-vous sur votre état présent, et voyez en quoi nous pouvons vous être utiles pour le reste de vos affaires. Votre situation doit intéresser tous les honnêtes gens, et en vérité on est trop heureux d'avoir occasion de servir les personnes qui vous ressemblent. »

L'inconnue ne la remercia que par des larmes de tendresse et qu'en lui serrant la main dans les siennes. « Il faut avouer, me dit-elle ensuite, que j'ai bien du bonheur dans mes peines, quand je songe par qui je suis secourue ; que ce n'est ni par mes amis, ni par mes alliés, ni par aucun de ceux avec qui j'ai passé une partie de ma vie, ni par mes enfans mêmes : car j'en ai, Mademoiselle ; toute la France le sait, et tout cela me fuit et m'abandonne. J'aurois sans doute indignement péri au milieu de tant de ressources, sans vous, Mademoiselle, à qui je suis inconnue, sans vous qui ne me devez rien, et qui, avec la sensibilité la plus prévenante, avec toutes les grâces imaginables, me tenez lieu tout à la fois d'amis, d'alliés et d'enfans ; sans votre amie que je rencontrai avec vous dans cette voiture ; sans cette pauvre fille qui m'a servie (souffrez que je la compte, son zèle et ses sentimens la rendent digne de l'honneur que je lui fais) ; enfin sans votre hôtesse qui ne m'a jamais connue, et qui n'a passé son chemin que pour venir s'attendrir sur moi : voilà les personnes à qui j'ai l'obligation de ne pas mourir dans les derniers besoins et dans l'obscurité la plus étonnante pour une femme comme moi. Qu'est-ce que c'est que la vie ! et que le monde est misérable !

— Eh ! mon Dieu, Madame, lui répondis-je aussi touchée qu'il est possible de l'être, commencez donc, comme vous en a tant priée Mme Darcire, commencez par perdre de vue tous ces objets-là, je vous le répète aussi bien qu'elle ; donnez-nous le plaisir de vous voir tranquille ; consolez-nous nous-mêmes du chagrin que vous nous faites.

— Eh bien, voilà qui est fini, me dit-elle ; vous avez raison ; il n'y a ni adversité ni tristesse que tant de bonté de cœur ne doive assurément faire cesser. Parlons de vous, Mademoiselle ; où est cette mère que vous êtes venue retrouver, et qu'il y a si longtemps que vous n'avez vue ? Dites-m'en des nouvelles. Est-ce que vous n'êtes pas encore avec elle ? Est-ce qu'elle est absente ? Ah ! Mademoiselle, qu'elle doit vous aimer, qu'elle doit s'estimer heureuse d'avoir une fille comme vous! Le Ciel m'en a donné une aussi, mais ce n'est pas d'elle dont j'ai à me plaindre, il s'en faut bien ! » Elle ne prononça ces derniers mots qu'avec un extrême serrement de cœur.

« Hélas! Madame, lui répondis-je en soupirant aussi, vous parlez de la tendresse de ma mère. Si je vous disois que je n'ose pas me flatter qu'elle m'aime, et que ce sera bien assez pour moi si elle n'est pas fâchée de me voir, quoiqu'il y ait près de vingt ans qu'elle m'ait perdue de vue! Mais il ne s'agit pas de moi ici, nous nous entretiendrons de ce qui me regarde une autre fois. Revenons à vous, je vous prie; vous êtes sans doute mal servie? Vous avez besoin d'une garde, et je dirai à l'aubergiste, en descendant, de vous en chercher une dès aujourd'hui. »

Je crus qu'elle alloit répondre à ce que je lui disois, mais je fus bien étonnée de la voir tout à coup verser une abondance de larmes ; et puis, revenant à ce nombre d'années que j'avois passées éloignée de ma mère : « Depuis vingt ans qu'elle vous a perdue de vue ! s'écria-t-elle d'un air pensif et pénétré; je ne saurois entendre cela qu'avec douleur! Juste Ciel! que votre mère a de reproches à se faire, aussi bien que moi! Eh! dites-moi, Mademoiselle, ajouta-t-elle sans me laisser le temps de la réflexion, pourquoi vous a-t-elle si fort négligée? Dites-m'en la raison, je vous prie.

— C'est, lui répondis-je, que je n'avois tout au plus que deux ans quand elle se remaria, et que trois semaines après son mari l'emmena à Paris, où elle accoucha d'un fils qui m'aura sans doute effacée de son cœur, ou du moins de son souvenir. Et, depuis qu'elle est partie, je n'ai eu personne auprès d'elle qui lui ait parlé de moi ; je n'ai reçu en ma vie que trois ou quatre de ses lettres, et il n'y a pas plus de quatre mois que j'étois chez une tante qui est morte, qui m'avoit reçue chez elle, et avec qui j'ai passé six ou sept ans sans avoir eu de nouvelles de ma mère, à qui j'ai plusieurs fois écrit inutilement, que j'ai été chercher ici à la dernière adresse que j'avois d'elle, mais qui, depuis près de deux ans qu'elle est veuve de son second mari, ne demeure plus dans l'endroit où je croyois la voir, qui ne loge pas même chez son fils, qui est marié, qui est actuellement en campagne avec la marquise sa femme, et dont les gens mêmes n'ont pu m'enseigner où est ma mère, quoiqu'elle y ait paru il y a quelques jours ; de sorte que je ne sais pas où la trouver, quelques recherches que j'aie faites et que je fasse encore ; et ce qui achève de m'alarmer, ce qui me jette dans des inquiétudes mortelles, c'est que j'ai lieu de soupçonner qu'elle est dans une situation difficile ; c'est que j'entends dire que ce fils qu'elle a tant chéri, à qui elle avoit donné tout son cœur, n'est pas trop digne de sa tendresse et n'en agit pas trop bien avec elle. Il est du moins sûr qu'elle se cache, qu'elle se dérobe aux yeux de tout le monde, que personne ne sait le lieu de sa retraite, et ma mère ne devroit pas être ignorée : cela ne peut m'annoncer qu'une femme dans l'embarras, qui a peut-être de la peine à vivre, et qui ne veut pas avoir l'affront d'être vue dans l'état obscur où elle est. »

Je ne pus m'empêcher de pleurer en finissant ce discours ; au lieu que mon inconnue, qui pleuroit auparavant et qui avoit toujours eu les yeux fixés sur moi pendant que je parlois, avoit paru suspendre ses larmes pour m'écouter plus attentivement ; ses regards avoient eu quelque chose d'inquiet et d'égaré ; elle n'avoit, ce me semble, respiré qu'avec agitation.

Quand j'eus cessé de parler, elle continua d'être comme je le dis là ; elle ne me répondoit point, elle se taisoit interdite. L'air de son visage étonné me frappa ; j'en fus émue moi-même ; il me communiqua le trouble que j'y voyois peint, et nous nous considérâmes assez longtemps dans un silence dont la raison me remuoit d'avance, sans que je la susse, lorsqu'elle le rompit d'une voix mal assurée pour me faire encore une question.

« Mademoiselle, je crois que votre mère ne m'est pas inconnue, me dit-elle. En quel endroit, s'il vous plaît, demeure ce fils chez qui vous avez été la chercher ? — A la place Royale, lui répondis-je alors d'un ton plus altéré que le sien. — Et son nom ? reprit-elle vite, comme épuisée de respiration. — M. le marquis de..., repartis-je toute tremblante. — Ah! ma chère Tervire! » s'écriat-elle en se laissant aller entre mes bras. A cette exclamation, qui m'apprit sur-le-champ qu'elle étoit ma mère, je fis un cri qui épouvanta Mme Darcire, que son procureur venoit de quitter et qui montoit en cet instant l'escalier pour revenir nous joindre.

Incertaine de ce que mon cri signifioit dans une auberge de cette espèce, qui ne pouvoit guère être que l'asile ou de gens de peu de chose, ou du moins d'une très mince fortune, elle cria à son tour pour faire venir du monde et pour avoir du secours s'il en falloit.

Et en effet, au bruit qu'elle fit, l'hôte et sa fille, tous deux effrayés, montèrent avec le laquais de cette dame, et lui demandèrent de quoi il étoit question. « Je n'en sais rien, leur dit-elle; mais suivezmoi; je viens d'entendre un grand cri qui est parti de la chambre de cette dame malade, chez qui j'ai laissé la jeune personne que j'y ai menée, et je suis bien aise, à tout hasard, que vous veniez avec moi. » De façon qu'ils l'accompagnèrent et qu'ils entrèrent ensemble dans cette chambre où j'avois perdu la force de parler, où j'étois foible, pâle et comme dans un état de stupidité; enfin où je pleurois de joie, de surprise et de douleur.

Ma mère étoit évanouie, ou du moins n'avoit encore donné aucun signe de connoissance depuis que je la tenois dans mes bras; et la femme de chambre, à qui je n'aidois point, n'oublioit rien de ce qui pouvoit la faire revenir à elle.

« Que se passe-t-il donc ici ? me dit Mme Darcire en entrant ; qu'avez-vous, Mademoiselle ? » Pour toute réponse, elle n'eut d'abord que mes soupirs et mes larmes ; et puis, levant la main, je lui montrai ma mère, comme si ce geste avoit dû la mettre au fait. « Qu'est-ce que c'est ? ajouta-t-elle ; est-ce qu'elle se meurt ? — Non, Madame, lui dit alors la femme de chambre ; mais elle vient de reconnoître sa fille, et elle s'est trouvée mal. — Oui, lui dis-je alors en m'efforçant de parler, c'est ma mère.

— Votre mère ! s'écria-t-elle encore en approchant pour la secourir. Quoi ! la marquise de... ! Quelle aventure !

— Une marquise ! dit à son tour l'aubergiste qui joignoit les mains d'étonnement ; ah ! mon Dieu, cette chère dame ! Que ne m'a-t-elle appris sa qualité ? Je me serois bien gardé de lui causer la moindre peine. »

Cependant, à force de soins, ma mère insensiblement ouvrit les yeux et reprit ses esprits. Je passe le récit de mes caresses et des siennes. Les circonstances attendrissantes où je la retrouvois, la nouveauté de notre connoissance et du plaisir que j'avois à la voir et à l'appeler ma mère, le long oubli même où elle m'avoit laissée, les torts qu'elle avoit avec moi, et cette espèce de vengeance que je prenois de son cœur par les tendresses du mien, tout contribuoit à me la rendre plus chère qu'elle ne me l'auroit peut-être jamais été si j'avois toujours vécu avec elle. « Ah ! Tervire, ah ! ma fille, me disoit-elle, que tes transports me rendent coupable ! »

Cependant cette joie que nous avions, elle et moi, de nous revoir ensemble, nous la payâmes toutes deux bien cher. Soit que la force des mouvemens qu'elle avoit éprouvés eût fait une trop grande révolution en elle, soit que sa fièvre et ses chagrins l'eussent déjà trop affoiblie, on s'aperçut quelques jours après d'une paralysie qui lui tenoit tout le côté droit, qui gagna bientôt l'autre côté, et qui lui resta jusqu'à la fin de sa vie.

Je parlai ce jour-là même de la transporter dans notre hôtel ; mais sa fièvre qui avoit augmenté, jointe à son extrême foiblesse, ne le permirent pas, et un médecin que j'envoyai chercher nous en empêcha.

Je n'y vis point d'autre équivalent que de loger avec elle et de ne la point quitter, et je priai la femme de chambre, qui étoit encore avec nous, d'appeler l'aubergiste pour lui demander une chambre à côté de la sienne ; mais ma mère m'assura qu'il n'y en avoit point chez lui qui ne fût occupée. « Je me ferai donc mettre un lit dans la vôtre, lui dis-je. — Non, me répondit-elle, cela n'est pas possible ; non, et c'est à quoi il ne faut pas songer ; celle-ci est trop petite, comme vous voyez ; gardez-moi votre santé, ma fille, vous reposeriez mal ici ; ce seroit une inquiétude de plus pour moi, et je n'en serois peut-être que plus malade. Vous demeurez ici près ; j'aurai la consolation de vous voir autant que vous le voudrez, et une garde me suffira. »

J'insistai vivement, je ne pouvois consentir à la laisser dans ce triste et misérable gîte ; mais elle ne voulut pas m'écouter. Mme Darcire entra dans son sentiment, et il fut arrêté, malgré moi, que je me contenterois de venir chez elle, en attendant qu'on pût la transporter ailleurs ; aussi, dès que j'étois levée, je me rendois dans sa chambre et n'en sortois que le soir. J'y dînois même le plus souvent, et fort mal ; mais je la voyois, et j'étois contente.

Sa paralysie m'auroit extrêmement affligée si on ne nous avoit pas fait espérer qu'elle en guériroit ; cependant on se trompa.

Le lendemain de notre reconnoissance, elle me conta son histoire.

Il n'y avoit pas, en effet, plus de dix-huit ou dix-neuf mois que le marquis son mari étoit mort, accablé d'infirmités. Elle avoit été fort heureuse avec lui, et leur union n'avoit pas été altérée un instant pendant près de vingt ans qu'ils avoient vécu ensemble.

Ce fils qu'il avoit eu d'elle, cet objet de tant d'amour, qui étoit bien fait, mais dont elle avoit négligé de régler le cœur et l'esprit, et que, par un excès de foiblesse et de complaisance, elle avoit laissé s'imbiber de tout ce que les préjugés de l'orgueil et de la vanité ont de plus sot et de plus méprisable ; ce fils, enfin, qui étoit un des plus grands partis qu'il y eût en France, avoit à peu près dix-huit ans, quand le père, qui étoit extrêmement riche, et qui souhaitoit le voir marié avant que de mourir, proposa à la marquise, sans l'avis de laquelle il ne faisoit rien, de parler à M. le duc de... pour sa fille.

La marquise, qui, comme je viens de vous le dire, adoroit ce fils et ne respiroit que pour lui, approuva non seulement son dessein, mais le pressa de l'exécuter.

Le duc de..., qui n'auroit pu choisir un gendre plus convenable de toutes façons, accepta avec joie la proposition, arrangea tout avec lui, et quinze jours après nos jeunes gens s'épousèrent.

A peine furent-ils mariés que le marquis (je parle du père) tomba sérieusement malade et ne vécut plus que six ou sept semaines. Tout le bien venoit de lui ; vous savez que ma mère n'en avoit point, et que, lorsqu'il l'avoit épousée, elle ne vivoit que sur la légitime de mon père, dont je vous ai déjà dit la valeur, et sur quelques morceaux de terre qu'elle lui avoit apportés en mariage, et qui n'étoient presque rien.

Il est vrai que le marquis lui avoit reconnu une dot assez considérable et de laquelle elle auroit pu vivre fort convenablement, si elle n'avoit rien changé à son état; mais sa tendresse pour le jeune marquis l'aveugla, et peut-être falloit-il aussi qu'elle fût punie du coupable oubli de tous ses devoirs envers sa fille.

Elle eut donc l'imprudence de renoncer à tous ses droits en faveur de son fils, et de se contenter d'une pension assez modique qu'il étoit convenu de lui faire, à laquelle elle se borna d'autant plus volontiers qu'il s'engageoit à la prendre chez lui et à la défrayer de tout.

Elle se retira donc chez ce fils deux jours après la mort de son mari; on l'y reçut d'abord avec politesse. Le premier mois s'y passe sans qu'elle ait à se plaindre des façons qu'on a pour elle, mais aussi sans qu'elle ait à s'en louer; c'étoient de ces procédés froids, quoique honnêtes, dont le cœur ne sauroit être content, mais dont on ne pourroit ni faire sentir ni expliquer le défaut aux autres.

Après ce premier mois, son fils insensiblement la négligea plus qu'à l'ordinaire. Sa belle-fille, qui étoit naturellement fière et dédaigneuse, qui avoit vu par hasard quelques nobles du pays venir en assez mauvais ordre rendre visite à sa belle-mère, qui la croyoit elle-même fort au-dessous de l'honneur que feu le marquis lui avoit fait de l'épouser, redoubla de froideur pour elle, supprima de jour en jour de certains égards qu'elle avoit eus jusqu'alors, et se relâcha si fort sur les attentions qu'elle en devint choquante.

Aussi ma mère, qui de son côté avoit de la hauteur, en fut-elle extrêmement offensée, et elle lui en marqua un jour son ressentiment.

« Je vous dispense, lui dit-elle, du respect que vous me devez comme à votre belle-mère ; manquez-y tant qu'il vous plaira ; c'est plus votre affaire que la mienne, et je laisse au public à me venger là-dessus ; mais je ne souffrirai point que vous me traitiez avec moins de politesse que vous n'oseriez même en avoir avec votre égale. — Moi, vous manquer de politesse, Madame ! lui répondit sa belle-fille en se retirant dans son cabinet ; mais vraiment le reproche est considérable, et je serois très fâchée de le mériter ; quant au respect qu'on vous doit, j'espère que ce public dont vous me menacez n'y sera pas si difficile que vous. »

Ma mère sortit outrée de cette réponse ironique, s'en plaignit quelques heures après à son fils, et n'eut pas lieu d'en être plus contente que de sa belle-fille. Il ne fit que rire de la querelle, qui n'étoit, disoit-il, qu'un débat de femmes qu'elles oublieroient le lendemain l'une et l'autre, et dont il ne devoit pas se mêler.

Les dédains de la jeune marquise pour sa mère ne lui étoient pas nouveaux ; il savoit déjà le peu de cas qu'elle faisoit d'elle, et la différence qu'elle mettoit entre la petite noblesse de campagne de cette mère et la haute naissance de feu le marquis son père ; il l'avoit plus d'une fois entendue badiner là-dessus, et n'en avoit point été scandalisé. Ridiculement satisfait de la justice que cette jeune femme rendoit au sang de son père, il abandonnoit volontiers celui de sa mère à ses plaisanteries ; peut-être le dédaignoit-il lui-même, et ne le trouvoit-il pas digne de lui. Sait-on les folies et les impertinences qui peuvent entrer dans la tête d'un jeune étourdi de grande condition, qui n'a jamais pensé que de travers? Y a-t-il des misères d'esprit dont il ne soit capable?

Enfin ma mère, que personne ne défendoit, qui n'avoit ni parens qui prissent son parti, ni amis qui s'intéressassent à elle (car des amis courageux et zélés, en a-t-on quand on n'a plus rien, qu'on ne fait plus de figure dans le monde, et que toute la considération qu'on y peut espérer est, pour ainsi dire, à la merci du bon ou du mauvais cœur de gens à qui l'on a tout donné, et dont la reconnoissance ou l'ingratitude sont désormais les arbitres de votre sort?); enfin ma mère, dis-je, abandonnée de son fils, dédaignée de sa belle-fille, comptée pour rien dans la maison où elle étoit devenue comme un objet de risée, où elle essuyoit en toute occasion l'insolente indifférence des valets, même pour tout ce qui la regardoit, sortit un matin de chez son fils, et se retira dans un très petit appartement qu'elle avoit fait louer par cette femme de chambre dont je viens de vous parler tout à l'heure, qui ne voulut point la quitter, et pour qui, dans l'accommodement qu'elle avoit fait avec son fils, elle avoit aussi retenu cent écus de pension, dont elle a été près de huit ans sans recevoir un sou.

Ma mère, en partant, laissa une lettre pour le jeune marquis, où elle l'instruisoit des raisons de sa retraite, c'est-à-dire de toutes les indignités qui l'y forçoient. Elle lui demandoit en même temps deux quartiers de sa propre pension, dont il ne lui avoit encore rien donné, et dont la moitié lui devenoit absolument nécessaire pour l'achat d'une infinité de petites choses dont elle ne pouvoit se passer dans cette maison où elle alloit vivre ou plutôt languir. Elle le prioit aussi de lui envoyer le reste des meubles qu'elle s'étoit réservés en entrant chez lui, et qu'elle n'avoit pu faire transporter en entier le jour de sa sortie.

Son fils ne reçut la lettre que le soir, à son retour d'une partie de chasse, du moins l'assura-t-il ainsi à sa mère qu'il vint voir le lendemain, et à qui il dit que la marquise seroit venue avec lui si elle n'avoit pas été indisposée.

Il voulut l'engager à retourner : il ne voyoit, disoit-il, dans sa sortie, que l'effet d'une mauvaise humeur qui n'avoit point de fondement ; il n'étoit question, dans tout ce qu'elle lui avoit écrit, que de pures bagatelles qui ne méritoient pas d'attention ; vouloit-elle passer pour la femme du monde la plus épineuse, la plus emportée, et avec qui il étoit impossible de vivre? Et mille autres discours qu'il lui tint, et qui n'étoient pas propres à persuader.

Aussi ne les écouta-t-elle pas, et les combattit-elle avec une force dont il ne put se tirer qu'en traitant tout ce qu'elle lui disoit d'illusions et qu'en feignant de ne la pas entendre.

Le résultat de sa visite, après avoir bien levé les épaules et joint cent fois les mains d'étonnement, fut de lui promettre, en sortant, d'envoyer l'argent qu'elle demandoit, avec tous les meubles qu'il lui falloit, qui lui appartenoient, mais qu'on lui changea en partie, et auxquels on en substitua de plus médiocres et de moindre valeur, qui par là ne furent presque d'aucune ressource pour elle, quand elle fut obligée de les vendre pour subvenir aux extrémités pressantes où elle se trouva dans la suite : car cette pension dont elle avoit prié qu'on lui avançât deux quartiers, et sur laquelle elle ne reçut tout au plus que le tiers de la somme, continua toujours d'être si mal payée qu'il fallut à la fin quitter son appartement, et passer successivement de chambres en chambres garnies, suivant son plus ou moins d'exactitude à satisfaire les gens de qui elle les louoit.

Ce fut dans le temps de ces tristes et fréquens changemens de lieux qu'elle se défit de cette fidèle femme de chambre que rien de tout cela n'avoit rebutée, qui ne se sépara d'elle qu'à regret, et qu'elle plaça chez la marquise de Viry.

Ce fut aussi dans cette situation que la veuve d'un officier, à qui elle avoit autrefois rendu un service important, offrit de l'emmener pour quelques mois à une petite terre qu'elle avoit à vingt lieues de Paris, où elle alloit vivre.

Ma mère, qui l'y suivit, y eut une maladie qui, malgré les secours de cette veuve plus génereuse que riche, lui coûta presque tout l'argent qu'elle y avoit apporté ; de sorte qu'après deux mois et demi de séjour dans cette terre et se voyant un peu rétablie, elle prit le parti de revenir à Paris pour voir son fils, et pour tirer de lui plus de neuf mois de pension qu'il lui devoit, ou pour employer même contre lui les voies de justice, si la dureté de ce fils ingrat l'y forçoit.

La terre de la veuve n'étoit qu'à un demi-quart de lieue de l'endroit où la voiture que nous avions prise s'arrêtoit ; ma mère l'y joignit, comme vous l'avez vu, et nous nous y trouvâmes, Mme Darcire et moi. Voilà de quelle façon nous nous rencontrâmes ; elle n'étoit point en état de faire de la dépense ; elle avoit dessein de vivre à part, de se séparer de nous dans le repas ; et, pour éviter de nous donner le spectacle d'une femme de condition dans l'indigence, elle crut devoir changer de nom, et en prendre un qui m'empêcha de la reconnoître. Revenons à présent où nous en étions.

Huit jours après notre reconnoissance chez cet aubergiste, nous jugeâmes qu'il étoit temps d'aller parler à son fils, et que sans doute il seroit de retour de sa campagne. Mme Darcire voulut encore m'y accompagner.

Nous nous y rendîmes donc avec une lettre de ma mère, qui lui apprenoit que j'étois sa sœur. Dans la supposition qu'il dîneroit chez lui, nous observâmes de n'y arriver qu'à une heure et demie, de peur de le manquer. Mais nous n'étions pas destinées à le trouver sitôt, il n'y avoit encore que la marquise qui fût de retour, et l'on n'attendoit le marquis que le surlendemain.

« N'importe, me dit Mme Darcire, demandez à voir la marquise »; et c'étoit bien mon intention. Nous montâmes donc chez elle; on lui annonce Mlle de Tervire avec une autre dame, et, pendant que nous lui entendons dire qu'elle ne sait qui nous sommes, nous entrons.

Il y avoit chez elle une assez nombreuse compagnie, qui devoit apparemment y dîner. Elle s'avança vers moi qui m'approchois d'elle, et me regarda d'un air qui sembloit dire : « Que me veut-elle? »

Quant à moi, à qui ni le rang qu'elle tenoit à Paris et à la cour, ni ses titres, ni le faste de sa maison n'en imposoient, et qui ne voyois tout simplement en elle que ma belle-sœur; qui m'étois d'ailleurs fait annoncer sous le nom de Tervire, dont j'avois lieu de croire qu'elle avoit du moins entendu parler, puisque c'étoit celui de sa belle-mère, j'allai à elle d'une manière assez tranquille, mais polie, pour l'embrasser.

Je vis le moment où elle douta si elle me laisseroit prendre cette liberté-là. Je parle suivant la pensée qu'elle eut peut-être, et qui me parut signifier ce que je vous dis. Cependant, toute réflexion faite, elle n'osa pas se refuser à ma politesse; et le seul expédient qu'elle y sut pour y répondre sans conséquence fut de s'y prêter par un léger baissement de tête qui avoit l'air forcé, et qu'elle accordoit nonchalamment à mes avances.

Je sentis tout cela; et, malgré mon peu d'usage, je démêlai à sa contenance paresseuse et hautaine toutes ces petites fiertés qu'elle avoit dans l'esprit; notre orgueil nous met si vite au fait de celui des autres, et en général les finesses de l'orgueil sont toujours si grossières! Et puis j'étois déjà instruite du sien; on m'avoit prévenue contre elle.

Joignez encore à cela une chose qui n'est pas si indifférente en pareil cas : c'est que j'étois, à ce qu'on disoit alors, d'une figure assez distinguée; je me tenois bien, et il n'y avoit personne qui, à ma façon de me présenter, dût se faire une peine de m'avouer pour parente ou pour alliée.

« Madame, lui dis-je, je juge par l'étonnement où vous êtes qu'on vous a mal dit mon nom, qui ne sauroit vous être inconnu; je m'appelle Tervire. »

Elle continuoit toujours de me regarder sans me répondre; je ne doutai pas que ce ne fût encore une hauteur de sa part. « Et je suis la sœur de M. le marquis, ajoutai-je tout de suite. — Je suis bien fâchée, Mademoiselle, qu'il ne soit pas ici, me repartit-elle en nous faisant asseoir; il n'y sera que dans deux jours.

— On me l'a dit, Madame, repris-je; mais ma visite n'est pas pour lui seul, et je venois aussi pour avoir l'honneur de vous voir. » Ce ne fut pas sans beaucoup de répugnance que je finis ma réponse par ce compliment-là; mais il faut être honnête pour soi, quoique souvent ceux à qui l'on parle ne méritent pas qu'on le soit pour eux. « Et d'ailleurs, ajoutai-je sans m'interrompre, il s'agit d'une affaire extrêmement pressée qui doit nous intéresser mon frère et moi, et vous aussi, Madame, puisqu'elle regarde ma mère.

— Ce n'est pas à moi, me dit-elle en souriant, qu'elle a coutume de s'adresser pour ses affaires, et je crois qu'à cet égard-là, Mademoiselle, il vaut mieux attendre que M. le marquis soit revenu; vous vous en expliquerez avec lui. » Son indifférence là-dessus me choqua; je vis, aux mines de tous ceux qui étoient présens, qu'on nous écoutoit avec quelque attention. Je venois de me nommer; les airs froids de la jeune marquise ne paroissoient pas me faire une grande impression; je lui parlois avec une aisance ferme qui commençoit à me donner de l'importance, et qui rendoit les assistans curieux de ce que deviendroit notre entretien : car voilà comme sont les hommes; de façon que, pour punir la marquise du peu de souci qu'elle prenoit de ma mère, je résolus sur-le-champ d'en venir à une discussion qu'elle vouloit éloigner, ou comme fatigante, ou comme étrangère à elle, et peut-être aussi comme honteuse. Il est vrai que ceux que j'aurois pour témoins étoient ses amis; mais je jugeois que leur attention curieuse et maligne les disposoit favorablement pour moi, et qu'elle alloit leur tenir lieu d'équité.

J'étois avec cela bien persuadée qu'ils ne savoient

pas l'horrible situation de ma mère ; et j'aurois pu les défier, ce me semble, de quelque caractère qu'ils fussent, raisonnables ou non, de n'en pas être scandalisés, quand ils la sauroient.

« Madame, lui dis-je donc, les affaires de ma mère sont bien simples et bien faciles à entendre ; tout se réduit à de l'argent qu'elle demande, et dont vous n'ignorez pas qu'elle ne sauroit se passer.

— Je viens de vous dire, repartit-elle, que c'est à M. le marquis qu'il faut parler, qu'il sera ici incessamment, et que ce n'est pas moi qui me mêle de l'arrangement qu'ils ont là-dessus ensemble.

— Mais, Madame, lui répondis-je en tournant aussi bien qu'elle, tout cet arrangement ne consiste qu'à acquitter une pension qu'on a négligé de payer depuis près d'un an ; et vous pouvez, sans aucun inconvénient, vous mêler des embarras d'une belle-mère qui vous a aimée jusqu'à vous donner tout ce qu'elle avoit.

— J'ai ouï dire qu'elle tenoit elle-même tout ce qu'elle nous a donné de feu M. le marquis, reprit-elle d'un ton presque moqueur, et je ne me crois pas obligée de remercier madame votre mère de ce que son fils est l'héritier de son père.

— Prenez donc garde, Madame, que cette mère s'appelle aujourd'hui la vôtre aussi bien que la mienne, répondis-je, et que vous en parlez comme d'une étrangère, ou comme d'une personne à qui vous seriez fâchée d'appartenir.

— Qui vous dit que j'en suis fâchée, Mademoiselle? reprit-elle, et à quoi me serviroit-il de l'être ? En seroit-elle moins ma belle-mère, puisque enfin elle l'est devenue, et qu'il a plu à feu M. le marquis de la donner pour mère à son fils?

— Faites-vous bien réflexion à l'étrange discours que vous tenez là, Madame ? lui dis-je en la regardant avec une espèce de pitié. Que signifie ce reproche que vous faites à feu M. le marquis de son mariage ? Car enfin, s'il ne lui avoit pas plu d'épouser ma mère, son fils apparemment n'auroit jamais été au monde et ne seroit pas aujourd'hui votre mari ; est-ce que vous voudriez qu'il ne fût pas né? On le croiroit; mais assurément ce n'est pas là ce que vous entendez ; je suis persuadée que mon frère vous est cher, et que vous êtes bien aise qu'il vive ; mais ce que vous voulez dire, c'est que vous lui souhaiteriez une mère de meilleure maison que la sienne, n'est-il pas vrai ? Eh bien, Madame, s'il n'y a que cela qui vous chagrine, que votre fierté soit en repos là-dessus. M. le marquis étoit plus riche qu'elle, j'en conviens ; et de ce côté-là vous pouvez vous plaindre de lui tant qu'il vous plaira, je ne la défendrai pas. Quant au reste, soyez convaincue que sa naissance valoit la sienne, qu'il ne se fit aucun tort en l'épousant, et que toute la province vous le dira. Je m'étonne que mon frère ne vous en ait pas instruite lui-même, et Mme Darcire, que vous voyez, avec qui je suis arrivée à Paris, et dont je ne doute pas que le nom n'y soit connu, voudra bien joindre son témoignage au mien. Ainsi, Madame, ajoutai-je sans lui donner le temps de répondre, reconnoissez-la en toute sûreté pour votre belle-mère ; vous ne risquez rien ; rendez-lui hardiment tous les devoirs de belle-fille que vous lui avez refusés jusqu'ici ; réparez l'injustice de vos dédains passés qui ont dû déplaire à tous ceux qui les ont vus, qui vous ont sans doute gênée vous-même, qui auroient toujours été injustes, quand ma mère auroit été mille fois moins que vous ne l'avez crue ; et reprenez pour elle des façons et des sentimens dignes de vous, de votre éducation, de votre bon cœur, et de tous les témoignages qu'elle vous a donnés des tendresses du sien, par la confiance avec laquelle elle s'est fiée à vous et à son fils de ce qu'elle deviendroit le reste de sa vie.

— Vous feriez vraiment d'excellens sermons, dit-elle alors en se levant d'un air qu'elle tâchoit de rendre indifférent et distrait, et j'attendrois volontiers le reste du vôtre ; mais il n'y a qu'à le remettre ; on vient nous dire qu'on a servi ; dînez-vous avec nous, Mesdames ?

— Non, Madame, je vous rends grâces, répondis-je en me levant aussi avec quelque indignation, et je n'ai plus que deux mots à ajouter à ce que vous appelez mon sermon. Ma mère, qui ne s'est rien réservé, et que vous et son fils avez tous deux abandonnée aux plus affreuses extrémités ; qui a été forcée de vendre jusqu'aux meubles de rebut que vous lui aviez envoyés, et qui n'étoient point ceux qu'elle avoit gardés ; enfin cette mère qui n'a cru ni son fils ni vous, Madame, capables de manquer de reconnoissance ; qui, moyennant une pension très médiocre, dont on est convenu, a bien voulu renoncer à tous ses droits par la bonne opinion qu'elle avoit de son cœur et du vôtre ; elle, que vous aviez tous deux engagée à venir chez vous pour y être servie, aimée, respectée autant qu'elle le devoit être ; qui n'y a cependant essuyé que des affronts, qui s'y est vue rebutée, méprisée, insultée, et que par là vous avez forcée d'en sortir pour aller vivre ailleurs d'une petite pension qu'on ne lui paye point, qu'elle n'avoit eu garde d'envisager comme une ressource, qui est cependant le seul bien qui lui reste, et dont la médiocrité même est une si grande preuve de sa confiance ; cette belle-mère infortunée, si punie d'en avoir cru sa tendresse, et dont les intérêts vous importent si peu, je viens vous dire, Madame, que tout lui manquoit hier, qu'elle étoit dans les derniers besoins ; qu'on l'a trouvée ne sachant ni où se retirer, ni où aller vivre ; qu'elle est actuellement malade, et logée dans une misérable auberge, où elle occupe une chambre obscure qu'elle ne pouvoit pas payer, et dont on alloit la mettre dehors à moitié mourante, sans une femme de ce quartier-là qui passoit, qui ne la connoissoit pas, et qui a eu pitié d'elle ; je dis pitié à la lettre, ajoutai-je : car cela ne s'appelle pas autrement, et il n'y a plus moyen de ménager les termes. » Et effectivement vous ne sauriez croire tout l'effet que ce mot produisit sur ceux qui étoient présens; et ce mot, qui les remua tant, peut-être auroit-il blessé leurs oreilles délicates, et leur auroit-il paru ignoble et de mauvais goût, si je n'avois pas compris, je ne sais comment, que, pour en ôter la bassesse et pour le rendre touchant, il falloit fortement appuyer dessus et paroître surmonter la peine et la confusion qu'il me faisoit à moi-même.

Aussi les vis-je tous lever les mains et donner par différens gestes des marques de surprise et d'émotion.

« Oui, Madame, repris-je, voilà quelle étoit la situation de votre belle-mère, quand nous l'avons été voir; on alloit vendre ou du moins retenir son linge et ses habits, quand cette femme dont je parle a payé pour elle, sans savoir qui elle étoit, par pure humanité, et sans prétendre lui faire un prêt.

« Elle est encore dans cette auberge, d'où son état ne nous a pas permis de la tirer. Cette auberge, Madame, est dans tel quartier, dans telle rue, et à telle enseigne; consultez-vous là-dessus, consultez ces messieurs qui sont vos amis; je ne veux qu'eux pour juges entre vous et la marquise votre belle-mère : voyez si vous avez encore le courage de dire que vous ne vous mêlez point de ses affaires. Mon frère est absent; voici une lettre qu'elle lui écrit, que je lui portois de sa part, et je vous la laisse. Adieu, Madame. »

Une cloche qui appeloit alors mon amie la religieuse à ses exercices l'empêcha d'achever cette histoire, qui m'avoit heureusement distraite de mes tristes pensées, qui avoit duré plus longtemps qu'elle n'avoit cru elle-même, et dont je vous enverrai incessamment la fin, avec la continuation de mes propres aventures.

SUITE

DE LA VIE DE MARIANNE

PAR MADAME RICCOBONI

I

Vous voilà bien surprise, bien étonnée, Madame : je vois d'ici la mine que vous faites. Je m'y attendois : vous cherchez, vous hésitez ; il me semble vous entendre dire : « Cette écriture est bien la sienne, mais cela ne se peut pas, la chose est impossible ! » — Pardonnez-moi, Madame, c'est elle ; c'est Marianne, oui, Marianne elle-même. — « Quoi ! cette Marianne si fameuse, si connue, si chérie, si désirée, que tout Paris croit morte et enterrée ? Eh ! ma chère enfant, d'où sortez-vous ? vous êtes oubliée, on ne songe plus à vous ; le public, las d'attendre, vous a mise au rang des choses perdues sans retour. »

A tout cela je répondrai que je ne m'en soucie guère : j'écris pour vous, je vous ai promis la suite de mes aventures, je veux vous tenir parole; si cela déplaît à quelqu'un, il n'a qu'à me laisser là. Au fond j'écris pour m'amuser; j'aime à parler, à causer, à babiller même; je réfléchis, tantôt bien, tantôt mal; j'ai de l'esprit, de la finesse, une espèce de naturel, une sorte de naïf; il n'est peut-être pas du goût de tout le monde, mais je ne l'en estime pas moins; il fait le brillant de mon caractère. Ainsi, Madame, imaginez-vous bien que je serai toujours la même, que le temps, l'âge, ou la raison, ne m'ont point changée, ne m'ont seulement pas fait désirer de me corriger. A présent, reprenons mon histoire.

Je vous disois donc que, grâce au Ciel, la cloche sonna, et que ma religieuse me quitta : je dis grâce au Ciel, car en vérité son récit m'avoit paru long; et la raison de cela, c'est qu'en m'occupant des chagrins de mon amie, je ne pouvois pas m'occuper des miens. Bien des gens croient qu'il faut être malheureux soi-même pour compatir aux infortunes des autres; il me semble à moi que cela n'est pas vrai. Dans une situation heureuse on voit avec attendrissement les personnes qui sont à plaindre, on écoute avec sensibilité le récit de leurs peines, on est touché, on les trouve considérables, la comparaison les grossit à nos yeux : dans l'état contraire, le cœur, rempli de ses propres chagrins, s'intéresse foiblement à ceux des autres; ils lui paroissent plus faciles à supporter que les siens, et j'ai senti cela, moi qui vous parle.

Quelques revers qu'eût éprouvés cette religieuse, elle avoit un nom, des parens, des amis, un amant ; elle s'en étoit vue aimée dans un temps où elle pouvoit l'obliger : et quel bonheur d'obliger ce qu'on aime ! Cet amant lui devoit la fortune dont il jouissoit : étoit-ce là de quoi se comparer à Marianne ? à Marianne inconnue, devant tout à la compassion, à la charité d'autrui ? à Marianne abandonnée, et peut-être méprisée de Valville ? Etoit-il rien de plus humiliant pour moi que ce détail qu'il avoit fait à ma rivale ? Il me sembloit lui entendre conter mes aventures ; j'imaginois le ton dont il disoit à Mlle Varthon : « Oui, je l'avoue, j'ai eu du goût pour Marianne, mais un goût passager, un goût qui fait honneur à ma façon de penser. Mettez-vous à ma place : cette petite fille se casse le cou à ma porte, puis-je ne pas la secourir ? Je la vois ajustée, les mains nues, sans valet, sans suivante ; je prends cela pour une bonne fortune de rencontre, et la preuve, c'est que je lui propose de dîner chez moi : comme vous voyez, mon procédé étoit assez cavalier. Cependant je lui trouve de la fierté, de la hauteur même ; elle rougit de dire qu'elle loge chez une lingère ; je ne sais trop pourquoi : car, en sortant de son village, Mme Dutour ne devoit pas lui paroître si peu de chose. Mon oncle vient, je crois m'apercevoir qu'ils se connoissent, la curiosité s'en mêle, je veux m'instruire : je les surprends dans un tête-à-tête ; la petite personne s'offense des idées qui s'élèvent dans mon esprit à la vue de mon oncle; elle me détrompe, sa vertu me touche : instruit du malheureux état où elle est réduite, l'intérêt que j'y prends me paroît un sentiment généreux, raisonnable; je m'y livre, je crois être amoureux, passionné même! je vous vois, Mademoiselle, je sens que je me trompois, que j'avois de la compassion; voilà tout. A présent j'ai de la tendresse, et j'en sens bien la différence; je suis engagé pourtant, et c'est pour moi le comble du malheur. »

Et tout ce raisonnement, je croyois l'entendre, vous dis-je, et j'y répondois : « Engagé? vous ne l'êtes point, non, Monsieur, non; vous n'épouserez pas Marianne : elle ne sera pas un obstacle à votre satisfaction; elle a trop de fierté, de noblesse, pour s'appuyer contre vous des bontés de votre mère; ne craignez point ses reproches, elle ne vous en fera jamais; vous ne serez point importuné de ses larmes, vous n'entendrez point ses regrets, elle saura étouffer ses soupirs, cacher sa douleur : cette *petite fille* vous paroîtra bien grande un jour. »

Malgré cette fermeté que je me promettois d'avoir, je sentois mon cœur se révolter à la seule idée d'oublier l'infidèle : il m'étoit encore bien cher. Je me rappelois ce temps, cet heureux temps, où je l'occupois si vivement; je me peignois ses transports, son respect, sa tendresse, mille petits soins, que l'on remarque si bien, qui ne sont rien, et qui prouvent tant; je m'affligeois, mes larmes couloient, le dépit cédoit au sentiment, et Valville me paroissoit bien moins coupable que Mlle Varthon qui me l'enlevoit si cruellement.

Au milieu de mon chagrin, je me souvins de cet officier, ami de Mme Dorsin, qui s'appeloit le comte de Saint-Agne. Son amour, ses propositions, devenoient une ressource pour ma vanité : Valville n'étoit pas le seul homme qui pût changer mon sort; on m'offroit un rang, des richesses ; je pouvois m'élever sans lui, devenir son égale, et me venger de ses mépris. Mais cette façon de le punir n'étoit pas de mon goût, ma petite tête méditoit un plus grand dessein : en épouser un autre, c'étoit lui laisser croire que sa fortune m'avoit touchée autant que son amour; je voulois qu'il ne pût douter de la *générosité* de mon cœur; il falloit, pour me contenter, qu'il dît : « Marianne m'aimoit, elle m'aimoit sincèrement. » Je me flattois que le sacrifice où je me déterminois répandroit une amertume éternelle sur tous les instants de la vie d'un ingrat; qu'il regretteroit sans cesse la tendre, l'infortunée, la courageuse Marianne.

« Oui, Valville, lui dis-je comme s'il eût été là, je vais lever tous les obstacles qui s'opposent à vos désirs; les chaînes que je vais prendre vont vous donner la liberté d'en former de nouvelles. Ouvrez les yeux, contemplez cette orpheline autrefois si chère à votre cœur; sa jeunesse, sa beauté, ses grâces, son esprit, ses sentimens, rien n'est changé; regardez-la, voyez quelle victime s'immole à votre bonheur; donnez du moins des larmes à ce qu'elle fait pour vous ; que votre estime soit le prix, la récompense de sa vertu ; chérissez-la ; qu'un tendre souvenir la rappelle sans cesse à votre mémoire ; qu'un trait si grand, si digne d'elle, grave son idée dans votre cœur ; et vous, ma mère, mon adorable mère, connoissez votre fille en la perdant ; applaudissez-vous du parti qu'elle prend, il vous justifie aux yeux de ces parens orgueilleux qui rougissoient de l'alliance de Marianne : un Dieu lui permet d'aspirer au nom de son épouse. C'est lui qui me préserva d'une mort terrible et prématurée, je n'ai connu de père que lui ; les hommes ont voulu faire mon bonheur, ils ne l'ont pu ; leurs vains efforts m'avertissent de ne le chercher qu'en lui seul ! »

Et vous jugez bien que je pleurois en m'arrêtant à ce projet ; mais je versois des larmes de tendresse, de ces larmes consolantes qui coulent aisément et soulagent un cœur oppressé ; je jouissois déjà des louanges qu'on me donneroit, de l'admiration de mes amis, des regrets de Valville ; et là-dessus je me couchai et m'endormis profondément.

Je devois voir Mme de Miran le lendemain, comme je vous l'ai dit. Vers les quatre heures on m'avertit qu'elle m'attendoit au parloir. Je m'y rendis. Je fus frappée de l'air triste et abattu de ma protectrice. « Eh ! bon Dieu, qu'avez-vous donc, ma mère ? lui dis-je. — Valville ne paroît point, il m'évite, répondit-elle ; je suis désolée, sa conduite me désespère. — Eh quoi ! ma mère, ma tendre mère, vous vous affligez donc, repris-je, et c'est moi qui suis la cause du trouble et de la douleur où je vous vois? Ah! Seigneur! est-il possible que ce soit moi qui vous chagrine! moi qui voudrois, aux dépens de mes jours, assurer le bonheur et la tranquillité des vôtres ; moi que vous avez voulu rendre si heureuse! moi qui le serois en vérité, sans la façon dont vous prenez tout ceci!

— Tu serois heureuse, mon enfant! reprit-elle; toi heureuse! tu étois bien faite pour l'être, et tu le serois sans doute, si tu n'avois jamais vu mon fils. Pauvre petite, ajouta-t-elle en me regardant avec une tendresse inexprimable, est-il possible qu'elle ait trouvé un infidèle! Assurément Valville a perdu l'esprit; cette aventure n'est pas naturelle; Mlle Varthon, quoique jolie, n'approche pas de toi. Mais, ma fille, son aveuglement peut cesser, rien n'est désespéré; je ne saurois me persuader que ce soit une chose faite; il reviendra peut-être. — Ah! Madame, lui dis-je, je n'ai pas la vanité de m'en flatter, je ne m'y attends pas, assurément; et, quand il reviendroit à moi, pourrois-je oublier qu'il a été capable de m'abandonner, et dans quel temps encore? quand une mort prochaine paroissoit devoir nous séparer pour jamais. M. de Valville m'a été bien cher, je l'avoue, et je ne rougis point de cet aveu. La première impression qu'il avoit faite sur mon cœur, quoique vive, auroit pu s'effacer; c'étoit un goût que j'aurois combattu, dont je devois triompher ; vous m'autorisâtes à m'y livrer, Madame, et je suivis sans contrainte un penchant si doux. J'aimai dans M. de Valville un homme aimable, un homme qui daignoit s'abaisser jusqu'à moi, à qui j'allois tout devoir : l'estime, la reconnoissance, l'amour, se joignirent ensemble et devinrent un seul sentiment. Je voyois dans M. de Valville un ami, un amant, un époux, un bienfaiteur : ce n'est pas tout, j'y voyois le fils de Mme de Miran, qualité qui me le rendoit encore plus cher, encore plus respectable. Non, Madame, non, sa fortune ne m'a point attirée, je n'ai point envisagé le brillant d'un établissement, et j'ose dire que je n'en regrette pas la perte. On m'en offre un, moins avantageux à la vérité, mais pourtant bien au-dessus des espérances d'une fille telle que moi : mon dessein n'est pas de l'accepter ; mais, avant de le refuser entièrement, j'ai voulu vous parler, Madame ; je vous dois trop pour ne pas mettre mes intérêts entre vos mains : il est bien juste que vous décidiez du sort d'une fille que vous avez bien voulu regarder comme la vôtre, et qui, par sa tendresse, sa reconnoissance et son respect, seroit peut-être digne de l'être en effet.

— Que j'ai bien voulu regarder ! s'écria Mme de Miran ; dis donc que je regarde et que je regarderai toujours comme ma fille, et comme une fille qui me devient chaque jour plus chère. Je saurai bien te dédommager des extravagances de mon fils. A te dire la vérité, si Valville est étourdi, éventé, volontaire, c'est un peu ma faute ; je veux bien en convenir avec toi, Marianne, j'ai gâté cet enfant-là. Je n'avois que lui, il étoit joli, je l'aimois ; je suis bonne, trop bonne même ; bien des gens me l'ont dit ; mais que veux-tu ? je suis née comme cela. On acquiert des façons, l'usage du monde impose une conduite, donne une sorte d'esprit, l'expérience apprend quelque chose ; mais avec tout cela on est toujours ce qu'on étoit d'abord : on ne se fait point un caractère, on l'a comme on l'a, l'éducation ne le change point ; c'est un tableau que l'on retouche, et dont le fond reste toujours le même : après tout, si c'est un défaut d'être trop bon, c'est celui qu'il faudroit souhaiter à tout le monde. Je te disois donc que j'aimois mon fils ; je l'aime bien encore, quoique je sois fort en colère à cause de mon amitié pour toi ; je lui ai passé mille folies, il faudra bien encore lui passer celle-ci, quoiqu'elle me tienne plus au cœur que toutes les autres ; mais tu n'y perdras rien, je te promets. Eh bien, voyons, qu'est-ce que c'est que cet établissement ? »

Je lui contai alors ma conversation avec l'ami de Mme Dorsin. « Vraiment, ma fille, dit vivement Mme de Miran, le comte de Saint-Agne est un très honnête homme, fort estimé, fort aimable, d'un très bon commerce, d'une ancienne maison ; il jouit au moins de trente mille livres de rente, dont il peut disposer en faveur de qui lui plaira. Cela fait un excellent parti : il a cinquante ans, voilà le mal; mais tu es raisonnable, son âge ne lui nuira pas auprès de toi : eh bien, tu lui as donc dit que tu m'en parlerois? — Oui, Madame, lui répondis-je. — C'est à merveille, tu as bien fait, continua-t-elle ; mais que penses-tu, mon enfant? je te devine ; tu aimes encore mon fils, te voilà bien loin d'en aimer un autre ; songe que Valville ne mérite guère tes sentimens ; consulte-toi cependant : n'as-tu aucun espoir de le ramener? te sens-tu la force de le quitter sans retour? peux-tu prendre assez sur toi-même pour le laisser là? — Ah! Madame, lui dis-je, il le faut bien ; je ferai cet effort, oui, je le ferai : je sens que je le dois, et j'y suis résolue; mais, en me déterminant à oublier M. de Valville, en me promettant de ne plus songer à le voir, je ne me suis jamais condamnée à cesser de voir sa mère, à me priver pour toujours du plaisir sensible de lui marquer ma reconnoissance : quoi! Madame, je vivrois dans le monde, et j'y vivrois sans vous!

— Eh! pourquoi donc sans moi ? interrompit Mme de Miran ; qui t'empêchera d'être mon amie? Le comte de Saint-Agne sait tout ce qui s'est passé. — Madame, repris-je, il le sait! que penseroit-il de moi, si j'allois chez vous, si je conservois les liaisons qui pourroient lui faire croire que je n'aurois point oublié mes premiers engagemens? Il faudroit renoncer à vous, Madame, et c'est à quoi mon cœur ne consentira jamais.

— Tu ne te démens point, ma chère enfant,

s'écria cette tendre mère; mais tu ne dois pas craindre les soupçons du comte, il connoît ta vertu. Je sens mieux que toi ce qui te fait rejeter les offres de ce galant homme: on a mille sujets de se plaindre d'un amant; on veut le quitter, n'y plus penser; malgré cela, on ne l'oublie pas tout d'un coup: il faut du temps; tu n'as demandé que huit jours, ce n'est pas assez, j'en prendrai davantage; il ne faut pas refuser tout à fait: cela deviendra ce que cela pourra; j'en fais mon affaire: une autre me presse, je te quitte, je te reverrai dans peu, nous irons chez Mme Dorsin. Adieu, ma fille, tâche de te dissiper, ne te livre point à tes chagrins, cela ne sert à rien.—Adieu donc, ma mère, mon aimable mère, adieu », lui criai-je en pleurant: car ses bontés me pénétroient; et de ce parloir je cours à ma chambre, où, loin de lui obéir, je me mets à pleurer plus fort que jamais.

Il me semble vous entendre me dire: « Mais je ne vous reconnois plus; qu'est-ce que c'est donc que cette Marianne qui pleure toujours? Vous voilà d'un grave, d'un pathétique! Qu'avez-vous fait de votre coquetterie? ne vous souvenez-vous plus que vous êtes jolie, que vous le savez? Je suis épouvantée de votre sérieux, peu s'en faut qu'il ne m'endorme: allons, finissez donc; qu'est-ce que cela signifie? »

Patience, Madame, ne vous fâchez pas; ma coquetterie n'est pas perdue, elle se retrouvera. Elle a changé d'objet pour un temps, j'ai laissé là mon visage, mes agrémens sont à l'écart; mais je sais bien où les prendre, je m'en servirai quand il le faudra.

Quoique l'amour-propre semble quelquefois négliger ses intérêts, il n'en est pas moins ardent à les soutenir. Il est l'âme de tous nos mouvemens, il agit en secret; nous ne l'apercevons seulement pas, et souvent nous lui sacrifions intérieurement dans l'instant même où nous croyons l'immoler ou l'anéantir. Poursuivons, je m'écarte de temps en temps; c'est une habitude prise, elle est un peu contraire à mon caractère : une paresseuse devroit conter vite, se hâter de finir, afin de se rendre à son oisiveté naturelle; mais ma paresse n'est que pour les faits, les réflexions ne me coûtent rien; tant que je raisonne, ma plume court, je ne m'aperçois pas que j'écris.

Où en étois-je? Ah! dans ma chambre. Je vous disois donc que je m'affligeois. Cela ne dura pas, car on vint m'avertir que Mme Dorsin m'attendoit au parloir. Le comte de Saint-Agne y étoit avec elle : je pris un air tranquille pour les saluer. « Nous arrivons de chez votre mère, Mademoiselle, me dit Mme Dorsin, on nous a envoyés ici, et nous y venons dans le dessein de partager avec elle le plaisir de vous voir. — Vous ne pouviez m'obliger plus sensiblement, Madame, lui dis-je. — Et moi, Mademoiselle, interrompit le comte, ai-je bien ou mal fait d'accompagner Madame? Parlez-moi sans détour, ma présence ne vous importune-t-elle point? — Non, Monsieur, repris-je, au contraire. — Au contraire! dit-il, prenez-y garde, Mademoiselle, je vais croire que je vous fais plaisir, et je resterai, je vous en avertis. — Et vous ferez très bien », ajoutai-je en riant, car il n'y avoit pas moyen d'être sérieuse avec cet homme-là. Je ne vous l'ai peint qu'à moitié : vous le connoissez à peine; eh bien, vous allez le connoître tout à fait.

Imaginez-vous un homme d'une taille un peu au-dessus de la médiocre, la démarche aisée, l'air noble, la physionomie ouverte, les dents belles, le rire si gai qu'il excitoit celui des autres. Voilà ce que c'étoit que sa figure. On lui trouvoit de l'esprit : non pas de cette sorte d'esprit que tout le monde veut avoir, et que bien des gens ont sans en être plus recommandables; esprit qui s'acquiert aisément, que beaucoup de hardiesse et un peu de facilité, secondés d'une bonne mémoire, rendent imposant pour les sots. Le comte avoit ce qu'on appelle un esprit naturel, un esprit à lui. Simple, uni, vrai, il voyoit ce qu'on lui montroit, pas au delà; son bon cœur, la sincérité de son caractère, lui faisoient croire que personne n'étoit capable de feindre, d'en imposer; et, si le temps ou le hasard le désabusoit sur un ami, il n'en avoit pas plus de défiance à l'égard de ceux qui lui restoient.

Il sembloit un peu brusque, cependant il étoit doux, généreux, compatissant. Il aimoit la vérité, il la disoit toujours, mais sans aigreur, d'une façon qui la rendoit aimable; et cette façon n'est pas celle de tout le monde. Il y a des gens vrais qu'on ne peut s'empêcher d'estimer, mais qu'il est difficile d'aimer, que l'on aime par réflexion, et que cent fois par jour on est tout près de haïr. Leur franchise est maladroite; elle vous désoblige, vous révolte. Ils vous donnent un conseil, vous sentez qu'il est bon, et pourtant vous avez peine à le suivre, à vous y conformer; pourquoi? c'est qu'on vous a parlé durement, c'est qu'en vous proposant un avis on a paru vous imposer une loi, c'est qu'on n'a pas ménagé votre orgueil; et cet orgueil, Madame, veut toujours trouver son compte : en amour, en amitié, dans le monde, dans la retraite, il veut régner, il veut être caressé. Sans le savoir, M. de Saint-Agne étoit fait pour flatter celui de tous ses amis. Vous pouviez lui dire un bien infini de votre cœur, il vous croyoit; loin de contester sur vos bonnes qualités, il étoit aussi persuadé de votre mérite que vous-même. Avec sa naissance, sa fortune et ce caractère, le comte valoit bien mon infidèle; il valoit mieux peut-être; mais, comme disoit Mme de Miran, il avoit cinquante ans. Une jeune et jolie femme ne sent guère le prix d'un mérite solide : un homme sensé console-t-il de la perte d'un étourdi?

J'avois ri, je vous l'ai dit; Mme Dorsin me sut très bon gré de ma gaieté apparente. « Vous voilà telle que vous devez être, Mademoiselle, me dit-elle. — Et telle que je souhaitois de la trouver, ajouta le comte : ce n'est point mademoiselle qui est à plaindre, je le dirai toujours, elle n'est point faite pour regretter personne, et je déplore l'aveuglement de M. de Valville; c'est à lui de pleurer, de gémir : sa perte est immense, irréparable! Mais il n'est pas sûr qu'il ait pris un si mauvais parti, il peut revenir d'un caprice si bizarre; qu'en pensez-vous, Mademoiselle?

— Ce seroit bien tard qu'il voudroit revenir, Monsieur, repris-je. Sans être encore détaché, mon cœur est blessé d'une façon trop vive pour pardonner. Si M. de Valville renonçoit au dessein de m'épouser par des raisons de convenance, je n'aurois point à me plaindre de lui, je me rendrois justice, je lui sacrifierois des espérances que je n'ai jamais eu la vanité de croire fondées. Mais il me quitte pour une autre, il manque d'amitié, d'égards... Ah! Monsieur, je me souviendrai toujours avec reconnoissance de l'honneur qu'il a voulu me faire; mais je n'oublierai point qu'il s'en est repenti, encore moins qu'il m'a abandonnée avec dureté.

— Quoi! si l'amour vous le ramenoit, dit le comte, vous ne seriez point flattée de son retour? Songez-y, belle Marianne; je ne suis pas fort savant sur les effets de cette passion, mais j'ai toujours ouï dire qu'il étoit bien doux de revoir à ses pieds un infidèle : en reprenant ses premiers fers, ne vous dit-il pas : « J'ai fait ce que j'ai pu pour être
« heureux sans vous; si j'avois trouvé mieux, je

« ne serois pas là? » Mettons M. de Valville dans cette position, seriez-vous inflexible? refuseriez-vous sa main? — Oui, Monsieur, lui dis-je d'un ton assuré, oui, je la refuserois : les bontés de sa mère, son amour, le mien, tout nous trompoit. Je ne suis pas digne d'une telle alliance, ce dessein n'entre plus dans mes projets, et... — Mais, Mademoiselle, interrompit Mme Dorsin, vous ne songez donc pas que monsieur vous trouve digne de lui, qu'il veut vous épouser, qu'il vaut Valville de toutes les façons, et que... — Monsieur m'honore infiniment, interrompis-je à mon tour; Mme de Miran est instruite des offres généreuses qu'il a bien voulu me faire, elle s'est chargée de ma réponse; monsieur voudra bien qu'elle traite pour moi dans cette affaire.

— Oui, sans doute, je le voudrai bien, dit le comte d'un air satisfait; j'aime à voir que vous preniez le parti de mépriser un volage; vous en êtes plus aimable à mes yeux. Voilà ce qu'on appelle une conduite sage, décente, modeste, prudente; vous ne dites pas que vous n'aimez plus; mais vous laissez voir un dessein formé de ne plus aimer, de résister à un penchant que vous devez vaincre : rien n'est mieux, rien n'est plus louable, tout augmente mon estime pour vous. » Et, se tournant vers Mme Dorsin : « Qu'en dites-vous, Madame? n'admirez-vous pas la façon d'agir de mademoiselle?

— Assurément, répondit-elle, c'est le parti le

plus honnête, et je ne suis pas surprise que notre charmante enfant s'y soit arrêtée. Après tout, que gagne-t-on en voulant retenir un cœur qui s'échappe ? Quel est le fruit de ces démarches honteuses, bassement hasardées par une femme, pour ramener un amant qui se dégage ? Il vouloit seulement l'éviter, la fuir ; elle fait tant qu'il la hait, la déteste, la méprise. Quand, à force d'importunités, il reviendroit à elle, seroit-ce là un triomphe ? pourroit-elle en être flattée ? Non, sans doute ; et d'ailleurs, un homme qui a pu nous trahir une fois ne mérite plus notre tendresse : il y a de la bassesse à pardonner de certaines offenses, de la maladresse à laisser voir qu'on peut passer sur toutes les fautes d'un amant ; fi, fi ! c'est mettre un volage à son aise, c'est lui dire : « Faites tout ce qu'il « vous plaira ; ne vous gênez pas, allez, venez, je « suis là, je vous attends ; vous me trouverez tou- « jours. » J'applaudis à tous les sentimens de notre chère Marianne, continua cette dame, et, bien loin que la légèreté de Valville tourne contre elle, je soutiens au contraire qu'elle sert seulement à mettre ses vertus dans tout leur jour ; elle mérite d'être heureuse ; elle le sera : mon cœur me le dit ; oui, j'en réponds. — Je voudrois bien, continua le comte, pouvoir contribuer à l'accomplissement de cette prédiction. Mais vous vouliez voir Mme de Miran, n'est-ce pas, Madame ? j'ai le même désir ; et mon impatience est grande de connoître... » Il s'arrêta. « Je vous entends, Monsieur, dit Mme Dorsin ;

votre curiosité est bien naturelle et bien pardonnable. Il faut donc la laisser, cette aimable enfant.» Et tout de suite elle se leva. « Nous allons prendre jour pour vous revoir, Mademoiselle »; et cent caresses et mille complimens; et les voilà partis.

Dès que je me vis seule, je me rappelai les discours de Mme Dorsin, ces *démarches honteuses* qui ne servoient à rien, glissoient sur le cœur d'un volage, déshonoroient sans fruit celles qui osoient *les hasarder*. Oh! combien je me félicitai alors de mes résolutions! que je me trouvai heureuse d'avoir eu assez de force ou de vanité, comme vous voudrez, pour m'être déterminée à ne rien tenter, à prendre un parti que ma raison avouoit, mais que mon foible cœur démentoit souvent en secret! Oui, ce cœur se révoltoit; au fond, toute cette grandeur d'âme n'étoit guère de son goût.

N'en déplaise pourtant à Mme Dorsin, il y a plus d'orgueil que de décence, peut-être, à ne faire aucun effort pour rappeler un amant. On le croit perdu; que sait-on? il n'est peut-être qu'égaré; le moindre soin nous le rendroit peut-être; et puis, doit-on rougir de montrer que l'on est plus tendre, plus constante, plus fidèle à ses engagemens que celui qui ose les trahir ou les rompre? Quand une femme a dit une fois: *J'aime*, n'a-t-elle pas tout dit? fait-elle mal en le répétant, en prouvant par sa conduite la vérité de ses sentimens? Un homme m'aimoit, il ne m'aime plus; il me cherchoit, il m'évite; il me désiroit, il en désire une autre; il me fuit, je le laisse faire ; je ne m'oppose à rien ; n'est-ce pas dire : « Je voulois être aimée, mais je n'aimois pas moi-même : vos soins m'amusoient ; vous cessez de m'en rendre : eh bien, à la bonne heure, vous voulez vous retirer, bonjour, adieu, partez, tout est fini » ?

A la vérité, cette façon indifférente pique souvent, et presque toujours, un amant léger ; il est fâché qu'on ne s'efforce pas de l'arrêter ; il trouve mauvais qu'on l'abandonne au caprice de son cœur : sa vanité en est humiliée ; il ne sauroit se persuader qu'il ne mérite pas de regrets ; il s'attendoit à des reproches, à des cris, à des larmes ; il craignoit d'en être excédé : cet homme, comptant sur votre douleur, s'arrange pour se mettre à l'abri de vos importunités ; vous le laissez là, il n'y comprend rien ; il vous diroit volontiers : « Mais vous n'y songez pas ; qu'est-ce que c'est donc que ce repos stupide où vous voilà ? Voyez-vous que je vous quitte, que je m'en vais ? le voyez-vous bien ? Sentez donc la perte que vous faites. » Point, rien ne remue. Là-dessus, il raisonne ; votre tranquillité l'assomme ; elle n'est point naturelle ; on vous console, sans doute, en secret ; il tremble d'avoir été remplacé avant le temps, prévenu, trompé lui-même ; cela l'agite, l'inquiète, le trouble, et souvent le ramène plus amoureux qu'auparavant. Que conclure de tout cela ? que nous avons plus d'amour-propre que de sentiment, et que nous agissons en conséquence.

J'étois plus que jamais dans le dessein de me faire religieuse : les offres du comte me touchoient, mais je ne voulois point les accepter. Mme de Miran m'écrivit qu'elle viendroit me prendre dans deux jours pour me mener dîner chez une parente de Mme Dorsin, que je ne connoissois point ; que le comte seroit de la partie ; que son fils étoit revenu la veille ; qu'on ne savoit ce que c'étoit que son humeur. Elle me disoit en finissant de ne rien négliger dans ma parure le jour qu'elle me viendroit chercher, et de mettre l'habit qu'elle m'envoyoit.

Et cet habit qu'on m'apportoit de sa part, Madame, étoit le plus bel habit du monde. Une étoffe lilas brochée d'argent, un assortiment riche et galant ; rien de plus brillant, rien de mieux entendu. Je n'avois encore rien porté de si riche. Cet ajustement, qui, dans un autre temps, m'eût fait tant de plaisir, excita alors un moment de tristesse au fond de mon cœur. « Eh, bon Dieu ! ma mère, que faites-vous ? disois-je en considérant tout cela ; pour qui parez-vous Marianne ? Hélas ! ce n'est plus pour votre fils ! » Et ce fils, qu'étoit-il devenu depuis si longtemps ? Il avoit été à la campagne chez un de ses parens. Il en arriva tout maussade, prit le moment où sa mère étoit en compagnie pour paroître chez elle : il s'attendoit à une mine terrible, à des leçons graves ; point du tout, elle le reçut d'un air riant, lui parla comme aux autres : sans y songer, elle entroit dans le plan de conduite que je me proposois de tenir avec lui; pas un mot sur Marianne ; sur Mlle Varthon, rien. Ce silence inquiéta Valville : sa mère vouloit-elle passer sur ses dégoûts, feindre de les ignorer, et suivre toujours les projets commencés ? Cette crainte redoubla son amour pour ma rivale ; il la vit chez Mme de Kilnare ; il lui fit part de ses alarmes ; ils se consultèrent ensemble, cherchèrent des moyens de lever des obstacles qui étoient seulement dans leur imagination. La fière Mlle Varthon ne me regardoit pas comme un empêchement sérieux à son mariage avec Valville ; le retour de sa mère aplaniroit toutes difficultés ; à l'égard de Mme de Miran, sa tendresse pour moi inquiétoit foiblement : on lui laisseroit la liberté de me faire du bien ; moi, j'étois une bonne enfant ; on pouvoit s'assurer de ma douceur, de ma retenue, et puis mes droits ne signifioient rien.

Mlle Varthon trouva le plus bel expédient du monde : Valville n'avoit qu'à me confier qu'il ne sentoit plus rien pour moi ; ensuite de cet aveu flatteur, me prier d'agir auprès de sa mère, de favoriser ses nouveaux desseins. « Elle connoissoit mon cœur, disoit-elle ; il n'étoit pas au-dessous de cet effort. » Valville en convint, adopta ce conseil, et voyez, je vous en prie, à quoi me servoit ce bon caractère que deux perfides m'accordoient ? Ce projet, que j'ai su dans la suite, m'a quelquefois fait rire.

Sans le plaisir véritable que l'on sent à bien faire,

je ne sais à quoi nous serviroit la bonté. Les méchans en profitent, ne nous en savent point gré, et se croient plus redevables à leur adresse qu'à notre bon cœur. Étoit-il rien de plus malhonnête, de plus ridicule que cette idée de Mlle Varthon ? Valville s'y arrêta pourtant, et la quitta déterminé à venir me faire ce bel aveu ; mais je ne lui en donnai ni le temps ni le plaisir.

Le jour que Mme de Miran devoit venir me prendre, je me parai de l'habit qu'elle m'avoit dit de mettre : ma figure étoit brillante sous cet ajustement ; un air doux et languissant que me donnoit ma tristesse n'ôtoit rien à mes charmes, et valoit bien ma vivacité naturelle ; peut-être valoit-il mieux : si l'éclat éblouit, la langueur touche, pénètre, intéresse, attache ; elle avertit qu'on a une âme, et une âme capable de s'émouvoir, de s'affecter ; c'est quelque chose de montrer une âme, il y en a tant qui n'en ont point !

J'achevois de m'habiller, quand on vint me dire : « M. de Valville vous attend au parloir. » Valville ! m'écriai-je ; et me voilà à la renverse dans mon fauteuil, si surprise, si immobile, que je n'ai pas la force de dire à cette converse : « Allez le prier de s'en retourner. » Je me lève ; je fais deux pas ; je tombe sur un siège. « Eh ! mon Dieu ! dis-je en joignant les mains, il me demande ; il m'attend ! Ah ! Seigneur ! que me veut-il ? » En quel état me voilà ! Mon inquiétude m'arrache de ma place ; je vais, je viens, je sors de ma chambre, je rentre ;

enfin, je m'appuie sur le dos d'un fauteuil, et me voilà à pleurer comme une folle.

Le temps passe, autre converse. « Allons donc, Mademoiselle, depuis une heure on vous attend. Est-ce que votre toilette n'est pas finie ? Ah ! comme vous voilà belle ! Mais vous pleurez, je crois ; sainte Vierge ! à quoi bon s'affliger ainsi ? — Ma sœur, ma chère sœur, eh ! je vous prie, allez dire à cette personne qui me demande que je suis malade. Je ne saurois descendre ; cela m'est impossible.

— Dire que vous êtes malade ! Mon Dieu, Mademoiselle, je n'en ferai rien ; d'où vient donc mentir ? vous vous portez si bien. — C'est que je ne veux pas voir M. de Valville, lui dis-je en l'embrassant ; je ne saurois le voir, non, en vérité, je ne le puis. — Comment donc faire ? reprit la converse. Ah ! j'y suis : je vais lui dire que vous pleurez, que vous êtes de mauvaise humeur, chagrine, bien chagrine... — Eh, non ! m'écriai-je, je ne veux pas qu'il sache cela. — Dame ! dit-elle, accommodez-vous donc, car pour rien au monde je ne mentirois. »

Tout en disputant avec cette fille, je jetai les yeux sur mon miroir ; je me vis si jolie, si bien mise, si propre à inspirer du regret à celui qui avoit pu se rendre le maître de cette petite mine-là, que tout d'un coup je pris ma résolution. « Je vais descendre, dis-je à la converse ; je vais me rendre au parloir : allez m'annoncer ; je vous suis. » Elle part ; j'essuie mes yeux, je tâche d'effacer la trace de mes pleurs, je m'arme de fierté, je me rappelle tout ce qu'a dit Mme Dorsin ; je me promets de pratiquer ses leçons, de paroître dégagée. Le dessein soutenu de me sacrifier, de montrer à Valville, en prenant le voile, combien je l'aimois, de l'assurer par cette démarche que sans lui le monde ne me sembloit rien, étoit une preuve si noble, si décidée de ma tendresse, que je pouvois bien contraindre mon cœur en attendant l'instant de la lui donner, ne fût-ce que pour faire paroître ensuite mes sentimens avec plus d'éclat.

Me voilà descendue enfin. Le cœur me battoit en allant à ce parloir ; le feu me montoit au visage en songeant que mes yeux rencontreroient ceux de Valville. « Mais d'où vient que je suis timide, honteuse ? me demandois-je : est-ce à moi de craindre sa présence ? Qu'il rougisse, lui qui m'a trompée, qui est leger, inconstant, perfide, a un mauvais cœur, manque à sa parole, à ses sermens. » Et là-dessus je me rassure, je m'enhardis, et j'entre brusquement.

L'infidèle s'attendoit à me voir pâle, abattue ; mon éclat le frappe, l'étonne ; j'aperçois sa surprise ; il fait un mouvement ; ce mouvement disoit : « Qu'elle est belle ! » Je le remarque, c'est comme s'il avoit parlé : car l'amour-propre est pénétrant ; il voit tout, même ce qu'on lui cache. Valville me salue ; je lui fais la révérence. Il s'assied, me regarde, se tait ; et moi, pas un mot.

« Je commençois à croire, Mademoiselle, me

dit-il enfin, que vous ne viendriez pas ; on attend ici avec assez d'ennui. » Et remarquez cela, Madame, de *l'ennui!* autrefois c'étoit de l'impatience qu'il sentoit. Je m'excuse de cet air libre, honnête, qui dit : « Je suis polie », rien de plus. « Mon Dieu, que vous êtes parée ! Est-ce que vous sortez ? — Non, Monsieur. » Et voilà la conversation tombée.

Il me considéroit attentivement, et sembloit réfléchir avec une sorte d'inquiétude. « Il ne paroît plus que vous ayez été malade ; vous êtes à ravir. » Je m'incline. « A quoi songez-vous donc ? — Moi ? à rien. — A rien ? cela est bientôt dit. — Ajoutez que cela est bientôt fait », continuai-je ; et voilà le silence qui renaît.

« Vous avez vu ma mère ? dit-il d'un ton timide, en baissant les yeux ; elle se plaint de moi, peut-être, et vous croyez avoir sujet de vous en plaindre aussi ? Je ne prétends pas nier mes torts ; vous pouvez me reprocher toutes deux... — Mme de Miran est bonne, interrompis-je, elle vous aime, Monsieur, vous ne devez pas douter de sa complaisance : tout est arrangé ; je me fais un plaisir de vous l'apprendre, si vous ignorez qu'il ne tiendra qu'à vous d'obtenir son consentement pour votre bonheur. — Qu'appelez-vous mon bonheur, Mademoiselle ? s'écria Valville d'un air surpris. — Votre mariage avec Mlle Varthon, répondis-je froidement. Quoi ! pouvez-vous vous y méprendre ? faut-il vous aider à trouver le but où tendent tous vos vœux ? Ordinairement on n'oublie guère ce qu'on désire. » Ces mots, prononcés d'un air badin accompagné d'un petit sourire, firent un effet surprenant sur l'ingrat. J'avoue que ce sourire étoit un peu leste.

Être en face d'un infidèle qui ménage la belle douleur dont il vous croit pénétrée, parler de votre rivale, la nommer comme une autre, sans trouble, sans agitation, en souriant, voilà de quoi confondre un perfide, le désoler : aussi Valville parut-il hors de lui-même.

« Je voudrois, dit-il d'un ton fort piqué, je voudrois vous avoir cette obligation, et je ne doute point que je ne vous l'aie en effet. Oui, c'est vous qui avez prié ma mère de m'en laisser épouser une autre ; cela est assurément très beau ; je suis fort édifié de ce procédé-là. » Il vouloit rire, mais sa gaieté n'étoit qu'une grimace.

Je me sentois un peu choquée de la façon dont il venoit de s'exprimer, et, reprenant la parole avec la même froideur qu'auparavant : « Comme je n'ai pas encore perdu tout à fait le souvenir de l'intention que vous avez eue de faire mon bonheur, Monsieur, il est tout simple que je m'intéresse au vôtre, et je dois saisir la seule occasion où je pourrai peut-être... — Pas perdu tout à fait? dit-il ; *tout à fait* est bon, il est bien placé là. C'est-à-dire qu'après ce généreux effort, vous trouvant quitte envers moi, vous vous croiriez en droit de m'oublier *tout à fait*; n'est-ce pas là votre idée, Mademoiselle? »

Et voyez, Madame, comme le cœur d'un homme est bizarre et son esprit impertinent. Valville étoit venu pour me prier de parler à ma mère. Sa visite n'avoit point d'autre motif, je l'ai su depuis : il trouve que l'on a prévenu ses désirs, que tout est arrangé, conclu ; le voilà fâché. Concevez-vous une espèce aussi légère, aussi inconséquente? Et cela parle de nous!

C'est que monsieur vouloit arracher cet effort à ma tendresse, et non pas devoir sa liberté à mon indifférence; il n'étoit pas content que l'on dît à Mlle Varthon : « Tenez, le voilà ; prenez-le, je n'en veux plus. » Non, pour le satisfaire, il falloit lui crier en pleurant : « C'est mon bien le plus cher que je vous donne ; rien n'approche de ce que je vous cède, je le regretterai toute ma vie. » Voilà ce qu'il vouloit, lui, et ce que je ne voulois pas, moi.

« Mais, après tout, Monsieur, lui dis-je, que vous importe ma façon de penser là-dessus? Cela vous doit être égal, parfaitement égal. — Ah! qu'entends-je? s'écria-t-il en se levant brusquement, je ne m'attendois pas à ce que je vois, non, assurément. Eh! bon Dieu, qui l'auroit cru? » Et le voilà à se promener vite, vite, et puis doucement, doucement, répétant : « Oui, cela est unique, inconcevable! » et, se rejetant sur sa chaise : « Je vous devrai beaucoup, Mademoiselle, infiniment ; vous êtes charmante, adorable : voilà ce qui s'appelle un caractère. J'étois bien imbécile de penser que j'avois des torts, de me les reprocher, d'être en dispute avec moi-même, de condamner ma conduite; elle vous arrange, à ce qu'il me paroît? » Et là-dessus la promenade recommence.

« Je ne vous connoissois pas, continua-t-il, j'aurois juré... Mais je me trompois; n'en parlons plus. » Et, se rasseyant encore : « Il en faut convenir, dit-il, les femmes ont un grand avantage sur nous, leur cœur est comme un pays nouvellement découvert : on y aborde, on n'y pénètre pas. Eh bien, Mademoiselle, qu'avez-vous encore à me dire? — Moi, Monsieur? repris-je, rien en vérité. Vous êtes venu me trouver, c'est vous apparemment qui avez à me parler : d'ailleurs, Monsieur, le fils de Mme de Miran peut tout se permettre; je n'ai rien à répondre à ses discours, quelque singuliers qu'ils me paroissent.

— A merveille, s'écria-t-il; on ne peut rien de mieux : continuez, Mademoiselle, continuez; *des discours singuliers!... le fils de Mme de Miran...* Je ne suis donc plus que le fils de Mme de Miran? Sans cette qualité, qui m'est chère à tous égards, je ne serois rien auprès de vous? J'imaginois qu'un homme si tendrement attaché à vous pouvoit, indépendamment de l'honneur qu'il a d'être *fils de Mme de Miran*, s'appuyer auprès de vous d'un titre plus doux et plus flatteur; et nos engagemens mutuels... — Des engagemens, Monsieur? eh! qui y pense? qui en parle? Il n'en est plus question, je vous en assure.

— Et pourquoi, Mademoiselle, dit-il en baissant la voix et soupirant, pourquoi n'en est-il plus question? Que vous ai-je dit? que vous ai-je fait? de quoi vous plaignez-vous, s'il vous plaît? — *Me plaindre*, moi, Monsieur? répondis-je; eh mais, vous n'y pensez pas! est-ce que je songe à *me plaindre*? Sur quoi me querellez-vous? Cela est surprenant : on fait tout pour vous contenter, et rien ne réussit; vous êtes difficile, bien difficile même.

— En effet, reprit-il, il faut l'être beaucoup pour ne pas s'accommoder de votre façon d'agir. Elle est si satisfaisante! — En quoi vous blesse-t-elle? demandai-je. — En tout, continua-t-il; vous m'avez trompé; vous ne m'avez jamais aimé, non, jamais. Si votre cœur eût été à moi, il y seroit encore; vous ne me traiteriez pas avec cette froideur, vous n'auriez pas fait une affaire d'une bagatelle; vous auriez senti plus de chagrin de l'égarement que vous me supposiez; vous auriez cherché à m'en retirer, vous trouveriez dans votre cœur des raisons pour m'excuser; il vous diroit que je suis pardonnable... — Pardonnable! m'écriai-je. Eh! Monsieur, que voulez-vous dire? où vous abaissez-vous? avez-vous besoin que Marianne vous pardonne? J'oublierai tout, Monsieur, je perdrai le souvenir de la tendresse dont vous m'avez honorée, je me rappellerai sans cesse que je n'en étois pas digne, que vous avez cru devoir l'éteindre; cela suffit, je pense; n'est-ce pas, Monsieur? » Et voilà encore ce malicieux sourire qui revient, m'embellit, et rend Valville furieux.

Il se lève, renverse sa chaise, marche à grands pas, s'agite, ouvre une fenêtre, la referme, revient, me regarde, retourne, se promène, respire avec peine, joint ses mains, les lève, les baisse, ne sait ce qu'il fait. Et moi de m'applaudir et de sourire encore. « Cela va bien », pensois-je. J'étois charmée de sa colère, j'en jouissois : pas la moindre compassion pour sa vanité ; je n'étois occupée que de la mienne. « Vous voilà à même, lui disois-je, satisfaites-vous, prenez-en tant qu'il vous plaira, rien ne vous gêne. »

Il faisoit un temps doux, pesant même, j'avois le cœur ému ; on le croira sans peine. Je m'éventois de toute ma force, j'ôtai mes gants, mon mantelet. Mlle Varthon n'offroit pas aux regards une gorge aussi belle que la rondeur de ses bras pouvoit le faire espérer : la mienne étoit parfaite, c'est peut-être ce qui m'aidoit à trouver le temps si chaud ; et cette main si bien dessinée, croyez-vous que je l'oubliasse ? Mes doigts, entrelacés dans les barreaux d'une grille fort noire, alloient, venoient, se jouoient, et ne perdoient rien à ce badinage ; le bras suivoit, comme de raison ; ces charmes, relevés par l'art de la négligence dont je les étalois, disoient à Valville : « Je ne vous montre pas mes grâces pour vous les faire remarquer, je n'ai garde, je ne pense à rien, elles sont là pour tout le monde ; mais elles y sont, profitez-en comme un autre. »

Je crois vous deviner, Marquise, vous allez me dire : « Marianne, entendons-nous, s'il vous plaît, vous m'en imposez à présent, ou vous me trompiez autrefois; ce n'est pas là le moment d'être coquette : avez-vous aimé Valville, oui ou non ? Si vous l'avez aimé, il a raison, il est impossible que vous ne l'aimiez plus ; et, dans la position où vous voilà, il est bien question de songer à des bras, à des mains, d'ôter un mantelet ! le sentiment doit parler. Valville paroît vouloir revenir ; si la chose me regardoit, j'oublierois que je suis jolie, voilà la vérité ; je me souviendrois seulement que je suis sensible, entendez-vous ? voilà le cœur ; c'est celui de tout le monde. » Oui, Madame, c'est celui de tout le monde, j'en conviens, je vous l'accorde ; eh bien ! ce n'est pas le mien : si vous oubliez mon caractère à tout moment, exprès pour me chicaner, tout sera bientôt fini. Lisez-moi comme j'écris, négligemment, sans peser sur mes phrases ni sur mes sentimens : ne vous ai-je pas dit que je ne prétendois pas me corriger ? Revenons.

Valville reprit sa place, me considéra longtemps sans parler, et, rompant le silence avec un grand soupir : « Ah ! Marianne, Marianne, dit-il, vous êtes donc aussi légère que les autres ? Je ne le croyois pas. Qu'est devenu ce temps où mon estime, fondée sur la connoissance des qualités de votre âme, me faisoit imaginer que rien ne pourroit rompre notre chaîne ? Vous ne m'aimez donc plus ! Il est donc vrai que mon amour m'abusoit ! Quoi !

j'aimois donc en vous une femme ordinaire ! »

Il ne pouvoit commencer sur un ton plus propre à déconcerter mes mesures. Me rappeler sa première estime, c'étoit m'engager à revenir sur mes pas, à me montrer tout entière, à lui prouver que je pensois toujours de même; aussi cet entretien alloit-il me conduire peut-être à perdre de vue tous mes projets, quand Mme de Miran entra. « Ah! te voilà, Marianne? dit-elle; tu es prête? Allons. Bonjour, Valville. » Et moi, de m'écrier : « Je descends, Madame, je descends, vous n'attendrez point. » Une révérence à Valville, et zest je m'échappe.

« Je suis bien aise de te rencontrer, mon fils, dit Mme de Miran, pour te faire connoître que je suis meilleure que toi : tu me fuis, parce que tu as tort; moi, j'aime à te voir, parce que j'ai raison : je suis ta mère, j'ai des droits, comme tu sais, je m'en servirois si je voulois ; ce seroit le mieux peut-être ; j'ai des vues, tu as des caprices ; je puis exiger que tu te conformes à mes volontés, je consens à te laisser faire les tiennes. Tu voulois Marianne, je te la donnois; tu n'en veux plus, je la garde ; tu veux Mlle Varthon : c'est une sotte, une impertinente, je ne l'aime point ; mais qu'est-ce que cela fait? tu n'as qu'à la prendre ; arrange-toi ; mais plus d'humeur, je t'en prie. Adieu, Valville, adieu, mon enfant. »

Tout cela se disoit en approchant du carrosse, et si haut que je l'entendois. Valville donnoit la main à sa mère, et la lui baisoit à chaque pas. « Non, Madame, non, ma mère, lui disoit-il, je ne ferai jamais rien qui puisse vous déplaire. — Oh! que si, mon fils, répondoit Mme de Miran. » Et là-dessus elle arrive. « Montez, Mademoiselle; adieu, Valville. » Lui-même ferme la portière, il me salue, la voiture part, je me fais violence pour ne pas suivre des yeux l'ingrat, et me voilà vis-à-vis Mme de Miran, toute troublée, toute je ne sais comment, incertaine si j'ai bien ou mal fait, ne pouvant m'assurer si je suis bien aise ou fâchée.

II

« Eh bien! mon enfant, me dit ma chère protectrice, où en sommes-nous? que vouloit Valville? qu'a-t-il dit? sent-il sa faute? veut-il la réparer? Conte-moi donc pourquoi cette visite où l'on ne comprend rien.

— Hélas! Madame, je l'ignore, répondis-je; il m'a fait demander; mon premier mouvement a été de refuser de descendre; mais, en y réfléchissant, j'ai cru devoir vaincre ma répugnance; me convient-il d'en montrer quand il s'agit du fils de Mme de Miran? En cette qualité, M. de Valville aura toujours des droits à mon estime, à ma reconnoissance, à ma vénération même.

— J'admire tes sentimens, ma fille, reprit ma

tendre amie, mais je n'exige point que tu estimes tant mon fils : en vérité, il ne mérite pas cela de toi, son procédé est révoltant, et je te pardonne de le sentir. Mais enfin, qu'a-t-il dit ? » Je lui rendis alors un compte exact de notre entretien, et du chagrin qu'il m'avoit montré de ce que je ne m'opposois pas à son mariage avec Mlle Varthon.

« Quelle tête ! que d'enfance, de contrariété ! s'écria Mme de Miran. Comment faire le bonheur d'un extravagant incapable de se décider lui-même, de connoître ses propres désirs ? Que la jeunesse est folle ! A tout prendre, tu serois plus heureuse avec le comte. Un esprit solide, un caractère charmant, un mari tout à toi ! Quel dommage qu'il ait cinquante ans ! Mais il les a, me diras-tu, et tu aimes mon fils ; cela est fâcheux, mais cela est naturel ; à ta place, je serois comme tu es ; la raison conseille d'une façon, le cœur d'une autre. Mon fils a l'art de plaire ; c'est un étourdi, mais un étourdi très aimable. J'ai senti mille fois combien il est séduisant ; tout à l'heure encore, ne m'a-t-il pas fait oublier la moitié de ma colère par son ton caressant ? J'ai bien de l'embarras dans l'esprit, Marianne ; tout ceci me chagrine, m'inquiète ; voilà ce comte qui te désire, qui te mérite, qui me tourmente pour t'avoir ; d'un autre côté, voilà mon fils qui te vouloit, qui ne te veut plus, et qui peut-être te voudra si je te promets à un autre : car cette tête-là varie, on ne sait ce que c'est ; ensuite, voilà toi, qui ne changes point, que j'aime de tout mon cœur, que j'ai résolu de rendre heureuse, qui es bien digne de l'être; et puis, voilà cette Mlle Varthon... » Ici je l'interrompis pour prendre une de ses mains, pour la baiser avec transport. « Ah! ma mère! ma chère, ma respectable mère, ne me nommez point parmi ceux qui vous inquiètent! Ah! Dieu! moi, vous troubler!

— Tais-toi, reprit Mme de Miran, ne m'attendris pas, Marianne, je suis déjà assez triste : tous mes desseins étoient bons, le Ciel le sait; je désire le bonheur de tout le monde, je voulois faire celui des personnes que j'aime : il est dur de se voir traverser dans un projet si louable. Sans l'infidélité de mon fils, qui gâte tout, chacun eût été content, et je serois tranquille; à présent, c'est à recommencer; mais qu'y faire? Lorsque les choses paroissent désespérées, que les événemens s'enchaînent contre notre attente, contre nos espérances, il faut tout remettre entre les mains de la Providence. Ce qui nous paroît un mal est peut-être un bien. La prudence humaine se trompe souvent : on s'afflige parce que l'on est borné dans ses connoissances; on voit mal, on juge de même; à la vérité, on souffre, et la douleur est réelle; c'est le pis que j'y trouve. Ne te chagrine point, mon enfant; abandonne le soin de ton sort à Celui qui veille sur toutes les créatures, il te donnera ce que tu n'aurois osé te promettre. Dans tout ceci, ma fille, il n'y a pas de ta faute, cela est consolant, c'est le

principal; je suis contente de toi; que les autres s'accommodent, se décident; quand ils sauront ce qu'ils veulent, on s'arrangera pour le mieux. »
Tout en causant, nous arrivâmes où nous allions dîner.

Vous ne vous attendez pas, Marquise, à la conquête brillante que je vais faire dans cette maison. Depuis que Valville m'a négligée, vous avez peut-être oublié, comme lui, que je suis jolie. L'inconstance d'un amant semble flétrir la beauté qu'il dédaigne; une maîtresse quittée paroît perdre autant aux yeux des autres qu'à ceux de l'ingrat qui l'abandonne. Le regret, les chagrins, altèrent la douceur de la physionomie la plus ouverte, répandent un air de disgrâce sur le visage d'une aimable femme; le cœur qui lui est échappé lui rend tous les autres suspects : elle n'a plus cette certitude de plaire, d'où naissent l'enjouement et les grâces; mais je ne l'ai pas perdue, cette certitude si nécessaire; ma langueur est un agrément de plus, elle convient à ma situation; on s'attend à me la trouver, elle peint mon cœur, en relève le prix, fait désirer de le toucher, d'en effacer la tristesse; elle travaille pour moi, vous dis-je; en me voyant, on s'écrie : « Elle est quittée, elle! Ah! Ciel! quel barbare, quel ennemi de lui-même a pu la quitter? »

Vous devez vous souvenir, Madame, que j'allai chez un ministre, dans le temps où Valville m'adoroit; qu'en traversant une pièce de l'appartement de ce ministre, j'avois entendu dire que j'étois jolie; un jeune homme bien fait le disoit; malgré mon trouble et mon inquiétude, je le remarquai. Pourquoi? C'est que j'ai toujours regardé avec plaisir ceux qui me distinguoient, me trouvoient belle, m'admiroient. Pourtant que faisoient-ils, je vous prie? ils me rendoient justice, voilà tout.

En entrant chez Mme de Malbi, c'est le nom de la parente de Mme Dorsin, la première personne que j'aperçus fut mon jeune admirateur. Il fit un mouvement qui sembloit dire: « Vous retrouver, vous revoir, quel bonheur! » C'étoit le marquis de Sineri. Il joignoit à la figure la plus noble un air de candeur qui inspiroit la confiance; tous ses traits peignoient un sentiment; plus de douceur que de vivacité dans ses regards, et pourtant une physionomie fine, qui parloit, qu'on aimoit à entendre, et qui faisoit penser qu'il seroit naturel et agréable de lui répondre.

« Qu'appelez-vous répondre? m'allez-vous dire. Comment! serez-vous infidèle aussi? » Et pourquoi non, Madame? Les hommes ont-ils un privilège exclusif pour être faux, légers, inconstans? Et puis, prenez-vous garde à leurs raisons, aux excuses qu'ils nous donnent? Ils sont foibles, disent-ils; et nous, s'il vous plaît, est-ce que nous sommes fortes? est-ce un sentiment bien juste qui nous attache à un ingrat? C'est de l'obstination, voilà tout. Quand un mouvement de tendresse nous affecte, nous avons toutes la fantaisie de vouloir qu'il soit éternel ; il nous paroît impossible de l'arrêter ou d'en changer l'objet : oublier un perfide, bon Dieu ! ce seroit un crime. Non, il faut l'aimer toujours, le pleurer sans cesse, passer sa vie à le regretter ; on le veut, on le désire ; mais, par bonheur, c'est un projet de l'imagination, le cœur le détruit tout naturellement.

Vous vous attendez au portrait de tous ceux qui étoient chez Mme de Malbi ; vraiment j'ai bien la liberté d'esprit nécessaire pour vous amuser des différens personnages qui se trouvoient là ! On s'occupe rarement des autres, quand on a un sujet de s'occuper de soi-même. A présent je suis incapable d'examen, de comparaison ; peut-être j'y reviendrai, je reverrai ces gens-là ; vous les connoîtrez : dans ce moment-ci, mes chagrins, mes desseins, mon amant, ma rivale, voilà ce qui me touche, ce dont je puis parler, ce que vous devez avoir la complaisance d'écouter ; s'il vous faut autre chose, laissez-moi là, ne me lisez pas, je suis aussi volontaire que paresseuse... J'ai pourtant envie de vous dire en passant (et ce sera autant de fait) un petit mot de cette parente de Mme Dorsin, si empressée à me voir. Elle espéroit que l'on me vantoit trop, croyoit mes portraits flattés, et s'attendoit peu à me trouver si jolie. Le marquis de Sineri ne lui plut pas du tout en m'accablant de louanges, je lus cela dans ses yeux.

Mme de Malbi étoit veuve, fort sage, assez belle, très riche, et n'avoit pas encore trente ans. Elle passoit pour une femme au-dessus des foiblesses de son sexe ; on la croyoit philosophe; point du tout, c'est qu'elle étoit coquette, fort coquette, et coquette de mauvaise foi, ce qui est condamnable. Elle n'étoit point de celles dont le bon caractère et la franchise vous avertissent au moins, dont l'étourderie est l'excuse, dont les façons vous disent: « Je vous attaque, défendez-vous si vous pouvez. » Mme de Malbi ne laissoit voir aucune prétention, la vanité chez elle étoit cachée sous le voile de la modestie ; pas la moindre connoissance de son mérite, au moins apparente. Elle se présentoit avec de la douceur, de l'aménité, éloignée de tout intérêt personnel, de la bonté, des vertus sans ostentation, du savoir sans orgueil, un attachement inviolable à ses devoirs, un naturel sensible, un cœur capable de tout sacrifier à l'amitié; voilà ce qu'elle affichoit, rien que cela. De sa beauté, de ses grâces, de la plus belle taille du monde, de mille talens, de beaucoup d'esprit, pas un mot; elle sembloit ignorer l'usage de tout cela. Et cet air d'indifférence pour ses charmes les faisoit bien mieux sortir, les mettoit dans le jour le plus favorable, et relevoit tous ses avantages. Mme de Malbi vous auroit volontiers dit: « Voyez ce que je néglige, ce joli visage, ces agrémens que la nature s'est plu à me donner, c'est un superflu pour moi ; ils feroient le fond d'une autre, n'est-ce pas ? eh bien, je n'en ai pas besoin, je m'en passerois aisément. Imaginez quelle âme, quelle noblesse de sentimens, quel caractère il faut avoir, pour préférer, comme moi, son intérieur au reste. » Et ce *reste*, elle savoit bien ce qu'il valoit, je vous en réponds. Ce que je vous dis de cette dame, je l'ai appris à la longue ; je vous le confie à présent, je ne sais pourquoi ; mais cela s'est trouvé au bout de ma plume.

Mme Dorsin et le comte de Saint-Agne étoient chez Mme de Malbi avant nous. Le comte s'empressoit auprès de moi. Le marquis de Sineri observoit ses mouvemens, les miens, et ses regards sembloient me demander raison de cet air avoué que prenoit M. de Saint-Agne. Rien ne devoit me flatter davantage ; cet honnête homme agissoit ouvertement, il annonçoit tout haut ses desseins, il se faisoit honneur de rechercher... qui ? Marianne, Marianne abandonnée par un autre ! Je lui devois de la reconnoissance ; mais le cœur suit-il les conseils de la raison ?

Tant que le comte s'étoit seulement montré comme un ami, un tendre ami, fortement épris de mon courage, de mes vertus ; comme un ami touché de mes malheurs et prêt à les adoucir, si je le voulois, il m'avoit paru aimable, ses bonnes intentions ne me gênoient pas. Lorsqu'il devint passionné, pressant, je le trouvai fâcheux. En comparant ses soins à ceux de Valville, je vis du ridicule dans les siens. Cet homme me sembloit fait pour être obligeant, et non pas amoureux ; solide, et jamais tendre. Je voulois bien qu'il eût de la joie de me voir, mais non pas une joie mêlée de transports. Quand on a passé l'âge de plaire, tout ce que l'amour fait faire prend un air ridicule; loin de toucher, on révolte; la justice que je rendois à M. de Saint-Agne ne m'empêcha pas de faire ces remarques, et dans la suite chacun de ses soupirs l'enlaidissoit à mes yeux.

Les hommes pensent qu'une femme s'amuse toujours avec ses amans, qu'elle prend plaisir à les voir extravaguer : ils ne conserveroient pas cette idée, s'ils savoient combien ils sont ennuyeux. Le désir, qui nous embellit, les rend si maussades, si tristes!... Mais laissons les hommes, le comte de Saint-Agne, Mme de Malbi, les autres; je m'ennuie avec tous ces gens-là. L'amour du jeune marquis flatte en passant ma vanité; mais qu'est-ce que cela? les heures me paroissent longues; j'attends impatiemment celle qui me rendra la liberté de penser à ce qui m'intéresse; je brûle de retourner à mon couvent. J'y avois laissé Valville; étoit-il sorti aussitôt que moi, sans voir Mlle Varthon, ou l'avoit-il demandée? Mille idées confuses m'inquiétoient. Enfin Mme de Miran me ramena en m'assurant que, si Valville lui parloit, je serois instruite de tout. Je lui promis de lui faire savoir s'il revenoit au couvent; et, après bien des tendresses de sa part et mille remerciemens de la mienne, elle me laissa.

Me voilà donc seule, libre d'examiner mes sentimens, de rappeler dans ma mémoire ce que j'ai dit à Valville, ce qu'il m'a répondu : je m'interroge, je me demande si je dois être contente de moi, si j'ai bien fait en n'écoutant que ma vanité, en négligeant de profiter de l'espèce de retour d'un ingrat. Je lui ai montré un esprit dégagé, une âme tranquille, peu de regret de le perdre, un parti pris de l'abandonner à ma rivale ; en suis-je mieux à présent ? qu'ai-je gagné à tout cela ? En suivant cette recherche, savez-vous bien ce que je trouvai ? c'est que j'avois agi contre moi-même, c'est qu'en maltraitant l'infidèle je m'étois fait plus de mal qu'à lui.

Il y a bien de la différence entre piquer son amant par ses propos, pendant qu'il est là, ou, quand il est parti, se rappeler dans le calme de ses sens ce qu'on vient de lui dire. Comment penser sans douleur qu'on l'a mortifié, peut-être affligé, qu'il croira n'être plus aimé ? Et quel crime en amour, Madame, que de laisser penser un seul instant que l'on n'aime plus ! C'est un crime irrémissible, le cœur se le reproche sans cesse et ne le pardonne jamais. Tant qu'il est attaché, son désir le plus vif est de prouver combien son ardeur est véritable, combien elle est constante : il renoncera à ses espérances, à son bonheur, à tout si vous voulez ; mais laissez-lui la douceur, la consolation de montrer qu'il se sacrifie lui-même, qu'il s'immole pour l'objet chéri ; accablez-le de douleur, mais n'attaquez jamais la force, la vérité de son penchant ; voilà ce qu'il veut, ce qu'il faut lui accorder, parce que la nature l'exige, et qu'elle l'emporte chez lui sur tout le reste.

En voyant Valville, en lui parlant, le dépit m'avoit soutenue, animée; il s'agissoit de ne pas me démentir, c'étoit tout pour moi, je le croyois au moins; eh bien, c'est que je me trompois. J'avois satisfait ma vanité aux dépens de mon cœur; à son tour ce cœur se révoltoit contre elle, l'anéantissoit, et puis d'autres réflexions combattoient ces mouvemens de tendresse, et puis je ne savois à quoi m'arrêter, je revenois à m'applaudir, à me blâmer. « Je vous aime toujours, Valville », m'écriois-je en pleurant; et puis je rougissois de ma foiblesse. Savez-vous, Madame, d'où naissoit la variété de mes idées? C'est que j'étois encore plus tendre que vaine, et que, dans une âme sensible et vraiment touchée, le sentiment gémit toujours des triomphes de l'amour-propre.

Hélas! quel étoit le but du mien? que se proposoit ma vengeance? D'être regrettée, voilà tout. Ce voile que je me déterminois à prendre rempliroit-il mon objet? Au fond, que me reviendroit-il de l'exécution de ce dessein? Étoit-il sûr que Valville conserveroit un tendre souvenir de moi, de mon amour, d'un si grand sacrifice? Les femmes se plaisent à nourrir leur tristesse, les hommes cherchent à la dissiper, et y réussissent aisément. En supposant Valville fort touché de ma perte, combien son chagrin dureroit-il? On s'est bientôt dit que l'on a tort, cela est plus tôt fait que de s'empêcher de l'avoir. Quand le mal est sans remède et que la plus forte partie tombe sur un autre, on se console facilement.

J'allois donc m'ensevelir pour jamais, renoncer au monde, pour arracher quelques soupirs à un perfide, pour exciter un regret passager dans une âme légère. Mlle Varthon jouiroit des biens que j'abandonnois, je travaillerois pour elle, je la rendrois contente : car les mauvais cœurs jouissent de tout, sans s'embarrasser d'où cela vient; ma rivale riroit peut-être de ma simplicité. Cette idée réveilloit mon dépit; celle du comte de Saint-Agne m'affermissoit dans la volonté d'être religieuse ; le tendre intérêt que m'avoit montré le jeune marquis se mêloit aux mouvemens qui me faisoient tourner les yeux vers le monde. Plus je rêvois, plus je pensois, plus mon embarras devenoit cruel; Valville va m'en tirer; le hasard m'a servie, il a plus fait pour moi que mes charmes et mon amour.

Vous devez vous souvenir, Madame, qu'en me voyant très parée Valville m'avoit demandé si je sortois. Je lui répondis non, je ne sais pourquoi, sans dessein : non se présenta plutôt que oui; voilà toute la finesse que j'y entendois. Vous vous souvenez que Mme de Miran vint me prendre. Par la façon dont je quittai le parloir, je prouvai à Valville que j'attendois sa mère. Mon air gai, mon ton un peu impertinent, la légèreté de mes propos, et ce *non*, tout cela réuni avoit assez de singularité. Valville crut voir du mystère dans la conduite de sa mère, dans la mienne. Pourquoi donc si parée? où allois-je? Mme de Miran avoit dit en parlant de moi : « Tu n'en veux plus, je la garde. » Vouloit-elle me marier? y consentois-je? Il savoit les projets du comte, et ne s'en soucioit guère un moment auparavant : il y songe sérieusement, il se fâche, il se pique. Un autre l'emporteroit sur lui! Se pourroit-il qu'on l'oubliât! Quoi! Marianne cesseroit de l'aimer! La fin de toutes les idées de l'infidèle est de penser que je suis une ingrate, une perfide. Eh! pourquoi non? il l'est bien, lui! Il a changé, je puis bien changer aussi. En vérité, Marquise, nous devons pardonner aux hommes la mauvaise opinion qu'ils ont de nous; ils la puisent dans une exacte connoissance d'eux-mêmes, et nous jugent d'après leurs propres cœurs : faut-il s'étonner s'ils nous peignent comme des folles?

Vous croyez peut-être que ces soupçons de Valville vont le mettre à son aise; que, sûr de ne pas me désespérer, il va se livrer sans contrainte à sa nouvelle passion! Oh! que non, vous n'y êtes pas, ce sera tout le contraire.

Valville étoit de ces gens pour qui les obstacles ont un charme attirant. La contrariété, les difficultés, l'impossibilité même, voilà ce qui les flatte; ils se plaisent dans les embarras d'une intrigue compliquée; ils veulent poursuivre, et semblent craindre d'atteindre. Il y a des esprits qu'il est bon de tenir en suspens, des cœurs qu'il faut obstiner, parce qu'ils goûtent moins, dans une passion, la douceur de sentir que l'amusement de projeter; désirent moins d'être heureux que de s'occuper des moyens de le devenir. Figurez-vous Valville un de ces caractères-là. J'avois été admirable pour lui : avec moi, tout s'opposoit à ses désirs, cent barrières s'élevoient entre la petite orpheline et lui ; il falloit combattre, surmonter mille et mille obstacles : il voyoit le bonheur en perspective, cela étoit charmant. La complaisance de la mère gâta tout. On lui dit : « Tu veux le cœur de Marianne, elle te le donne ; tu veux sa main, on y consent, la voilà. » Tout fut dit alors, l'amour s'endormit dans le sein du repos. Mais son sommeil ne sera pas long, la jalousie va l'éveiller. Cette petite fille si bien acquise, que personne ne dispute, va se montrer aux yeux de Valville sous une forme nouvelle. Il ne sera plus question de la prendre ou de la laisser à son choix, les soins du marquis de Sineri vont le désoler. Vous ne vouliez plus entendre parler de Valville, Madame, vous le haïssiez ; vous allez le plaindre, il va crier, pleurer, gémir à mes pieds, réclamer ses droits ; un événement où vous ne vous attendez pas va m'élever bien haut, je vous en avertis, Valville sera peu de chose auprès de moi, il dépendra de Marianne, elle prononcera sur son sort ; il sera soumis, cet amant ingrat, il rampera devant l'objet de son dédain.

A tout prendre, Marquise, les hommes sont bien ridicules, bien inconséquens; nous ne les aimons que faute de les examiner. Écoutez-les, vous serez étonnée de l'admiration qu'ils ont pour eux-mêmes. Savez-vous bien qu'ils se croient fort au-dessus de nous? La pauvre espèce! S'attribuer la supériorité, eux! Eh! bon Dieu! en quoi? de foibles créatures dont la grandeur d'âme et la force prétendue ne résistent jamais au caprice, à la passion, à la plus légère impulsion de leurs sens! Nous, quand nous nous mêlons d'être fortes, c'est en tout, c'est véritablement. Nous immolons nos plus chers désirs à notre gloire. Il ne faut que de la vanité à une femme pour en faire une héroïne du premier ordre. Vous verrez, vous verrez où me conduira la mienne.

« Mais, me direz-vous, finissons donc quelque chose : pardonnez à Valville; l'emporter sur votre rivale vaut bien le plaisir d'être regrettée, sans compter qu'il y a plus de profit à l'un qu'à l'autre. Allons, prenez un parti : n'aimez-vous pas encore ? »

Cela est bientôt dit, Madame, mais cela n'est pas si aisé à faire. Eh! vraiment oui, j'aime encore; mais vous, qui parlez, connoissez-vous bien l'amour, et toutes les chimères que se forme un cœur sensible, délicat? En cessant de me préférer, Valville avoit détruit le charme flatteur qui me faisoit regarder sa passion comme le plus grand des biens; en revenant à moi, me rendoit-il autant que j'avois possédé? Qu'est-ce que le retour d'un volage? efface-t-il le souvenir de son infidélité? On voit renaître sa tendresse, il est vrai, c'est un plaisir; je pouvois en jouir aux yeux des autres, à ceux de Mlle Varthon; mais aux miens, Madame, jamais, jamais qu'un seul instant. On n'oublie point l'ingratitude; on la pardonne, oui, mais on n'en perd jamais le souvenir. Songez donc que Valville m'avoit paru un ange descendu du ciel pour m'y conduire avec lui; et point du tout, c'est que le prestige s'évanouit, c'est que cet ange de lumière n'est plus rien, c'est un homme ordinaire. Il avoit osé nier son amour à ma rivale : je lui inspirois de la compassion, disoit-il, de la pitié; il ne vouloit avoir eu que de la pitié! Ah! Madame, celle d'un ami console, on l'excite sans en rougir; mais la pitié d'un amant! comment soutenir cette idée? Elle me vint à propos pour me rendre ma fierté, dissiper une partie de mon inquiétude, et calmer les mouvemens trop vifs de mon cœur. Je lui dus un sommeil long et paisible, et vous lui devrez la fin de mes réflexions.

Le lendemain, à mon réveil, on m'apporta une lettre dont la réponse étoit attendue. Je la pris avec trouble, la croyant de Valville; mais le caractère et les armes me désabusèrent. Je l'ouvris, elle contenoit ce qui suit :

Lettre du Marquis de Sineri a Marianne.

Mademoiselle,

Depuis le jour où le hasard vous offrit à ma vue, j'ai pris à votre sort l'intérêt le plus vif. Vous étiez destinée à M. de Valville, et, malgré les sentimens que vous m'inspiriez, j'ai respecté son bonheur tant qu'il a su l'apprécier ; je ne me suis permis aucune démarche pour le troubler. Je suis, Mademoiselle, du petit nombre de ceux qui ne se croient point en droit d'établir leur félicité sur le renversement des espérances d'un autre. Vous aimiez M. de Valville, il vous adoroit, votre union paroissoit sûre et prochaine : aurois-je voulu tenter de rompre des nœuds si bien assortis ? Je m'en serois reproché le projet, même le désir. Loin de chercher à vous revoir, j'ai pris soin d'en éviter l'occasion. Je ne vous attendois pas hier chez Mme de Malbi : quelle joie votre présence a répandue dans mon cœur !... Mais qu'ai-je appris ? quoi ! tout est changé ! quoi ! Valville a pu !... Mon premier mouvement a été de vous plaindre, Mademoiselle ; j'ai senti combien la dureté du procédé de Valville pouvoit pénétrer un cœur sensible, reconnoissant, qui s'étoit flatté de devoir tout à l'amour, à l'estime, à l'amitié, et ne peut se dissimuler que le caprice seul formoit les liens d'un volage.

Par un sentiment naturel qui nous ramène toujours vers nous-mêmes, j'ai senti aussi que l'inconstance de M. de Valville vous rendoit la liberté de faire un nouveau choix : votre cœur et votre main dépendent à présent de vous, Mademoiselle ; un foible, un timide espoir se glisse dans mon âme. Je connois les prétentions du comte de Saint-Agne ; mais sa recherche mérite-t-elle de ma part les mêmes égards que j'ai cru devoir à votre premier amant ? Non sans doute ;

je puis entrer en concurrence avec le comte. Plus jeune, plus amoureux, plus riche, aussi indépendant, rien ne m'engage à lui céder. C'est à vous, Mademoiselle, à prononcer entre nous. J'attends votre réponse pour instruire Mme *de Miran de mes desseins. Honorez-moi d'une ligne de votre main. Dites-moi seulement si vous me permettez de voir M*^{me} *de Miran, dans l'intention d'obtenir d'elle la permission de rendre des soins à sa charmante fille.*

Je lus cette lettre avec trouble, avec émotion, et devinez l'effet qu'elle fit sur mon cœur. « Vous en fûtes flattée, m'allez-vous dire, vous vous applaudîtes d'une si belle conquête. » Point du tout; je me mis à pleurer comme une folle, à m'écrier dans l'amertume de ma douleur : « Ah! Valville, Valville! il est donc vrai que vous ne m'aimez plus! que vous m'avez abandonnée, rejetée! On peut donc vous ôter Marianne sans vous en priver! Elle ne vous est plus chère, elle ne vous devoit qu'à un caprice; on le sait, on le dit, on s'entretient de vos dédains, du mépris que vous avez pour celle dont votre cœur s'est montré si vivement épris autrefois! Ah! Dieu! tout espoir est donc perdu! Hélas! quand le Ciel, attendri par mes larmes, envoya à mon secours votre généreuse mère, quand il me mit sous sa protection, lorsqu'il nous rassembla tous deux, quand vous brûliez de vous unir à moi, qui m'eût dit, ah! qui m'eût dit : « Ma-« rianne, tes malheurs passés n'étoient rien en com-

« paraison de ceux où tu es exposée, que tu ne peux
« éviter. » L'incertitude de mon sort, la crainte de
manquer de tout, l'horreur du présent, l'effroi
de l'avenir, être sans amis, sans asile, sans espérances, toute autre peine, oui, toute autre n'approcheroit point de celle qu'un ingrat me fait sentir! Ah! Valville, rendez-moi ma misère, mes
alarmes, et reprenez vos premiers sentimens; que
je pleure, mais qu'un autre fasse couler mes larmes,
et que la main de Valville daigne les essuyer! que
dans mes maux son idée aimable et chère soit,
comme autrefois, une douce consolation pour moi;
je ne veux point de toutes celles qu'on veut me
donner. De quoi se mêlent ces gens-là! ils me
plaignent, ils m'offrent des biens dont je n'ai que
faire : qu'ils me laissent tous; je ne veux rien... »
Et, tout en disant cela, je me noyois dans mes
larmes, et j'oubliois la lettre et la réponse qu'on
attendoit.

Une converse vient me tourmenter. « Allons donc,
Mademoiselle, on sonne à chaque instant, ce laquais s'impatiente. » J'écris sans savoir ce que je
fais : j'enverrai la lettre à Mme de Miran, disois-je, elle y répondra; je dépends d'elle; je ne
donne point d'espérance, je ne l'ôte pas non plus,
cela va comme cela peut, ma tête n'y est plus; que
mes amans s'arrangent : est-ce ma faute s'ils sont
amoureux? Quelle persécution est-ce là? on ne
me donne pas le temps de m'affliger en paix; plus
ils m'aimeront, plus je les maltraiterai peut-être :

pourquoi ? c'est qu'en me disant qu'ils m'aiment, ils me confirment que Valville ne m'aime plus, et mon cœur ne veut pas en être sûr ; il rejette cette idée-là, il veut douter au moins, et on a la cruauté de le priver de cette foible douceur.

A quatre heures du soir, autre lettre, autre agitation : c'est Valville qui m'écrit. Je romps promptement le cachet, le cœur me bat, la main me tremble : bon Dieu! que vais-je apprendre! Je crains de lire ; l'inconstant me remercie peut-être de l'avoir cédé à ma rivale ; peut-être me charge-t-il du soin de hâter son mariage! Je porte des regards timides sur ces caractères autrefois si chers, dont la vue me causoit un trouble si délicieux ; je lis enfin : le commencement redouble mon inquiétude, mais, en avançant dans ma lecture, une douce satisfaction la dissipe entièrement.

Il me demandoit une heure d'entretien, le lendemain ; il écrivoit de Versailles, et reviendroit à l'heure que je lui marquerois : avant de me laisser prendre un parti, il vouloit me communiquer des choses importantes, se justifier de ses torts *apparens* ; il m'*adoroit* toujours, il n'avoit jamais cessé de m'*adorer* ; il me reprochoit ma froideur, je le punissois trop par ma *cruelle indifférence* ; ensuite c'étoit de la jalousie, du dépit, de la colère, un désordre étonnant, pas le sens commun ; on voyoit qu'il s'étoit fâché, apaisé, emporté, attendri, et que tout en écrivant il pensoit mille choses qu'il vouloit dire et ne pouvoit exprimer.

Je lus cent fois cette lettre; elle me toucha, elle me fit sentir que, si je voyois Valville, tout étoit dit. Quelque grands que soient les torts d'un amant aimé, dès qu'on l'écoute, il a raison. Pardonnerois-je à l'infidèle? eh! que diroient Mme Dorsin et le comte? La *charmante enfant*, si *noble*, si *fière*, si *courageuse*, ne seroit donc plus qu'une foible petite fille? Je ne pouvois m'élever au-dessus de Mlle Varthon que par une suite de procédés nobles et uniformes : la fortune avoit fait beaucoup pour elle, pour moi rien; mais je tenois de la nature un don précieux, c'étoit l'orgueil, et j'en connoissois le prix. Cet orgueil me disoit tout bas : « Marianne, conservez-moi, ménagez-moi, ne me blessez jamais, je vous servirai bien; les petites âmes m'emploient mal à propos, je les rends méprisables; les grandes savent me placer, je les distingue, je les guide vers l'honneur. »

Je résolus de ne point voir Valville, et lui écrivis en peu de mots, précisément pour lui dire que je ne le recevrois qu'en présence de sa mère. Mon petit billet, cacheté, prêt à lui être porté quand il me demanderoit au parloir, me causa un peu de tranquillité, et je passai le reste du jour dans des projets et des réflexions dont, pour le coup, je vous fais grâce.

Le lendemain, je me trouvai très inquiète, mon billet étoit au tour, le moindre bruit m'agitoit. « Valville s'en ira-t-il après l'avoir lu? me demandois-je ; restera-t-il ? s'obstinera-t-il à me parler ? S'il insiste, comment me conduirai-je ? » On ne marchoit point dans le corridor sans me causer un battement de cœur violent ; enfin, quelqu'un vient à grands pas, ouvre brusquement la porte ; je tressaille, lève les yeux, jette un cri, et ce n'est pas sans raison : la personne qui entre est Mlle Varthon, oui, elle-même en vérité.

« Eh ! bon Dieu ! Mademoiselle, qui vous attendoit ici ? lui dis-je. Me visiter, vous ! Je croyois, j'imaginois,... je ne songeois guère à l'honneur que vous me faites ; qui me l'attire ? y a-t-il quelque chose de nouveau ?

— Oui, Mademoiselle, de fort nouveau, de fort singulier, dit-elle avec aigreur ; je crois, en vérité, que Mme de Miran, son fils et vous avez entrepris de me chagriner, de me rendre le sujet d'une histoire aussi plate que fausse : rien que cela, Mademoiselle, et je trouve ce procédé-là fort déplacé, très ridicule ; suis-je faite pour vous servir de jouet ? Qu'est-ce que cela signifie ? Ayez la bonté de me le dire ; expliquez-moi, s'il vous plaît, cet insolent écrit » ; et là-dessus elle me présente un billet de Valville.

Il étoit court, je le lus ; la date prouvoit que Valville l'avoit écrit la veille à Mme de Kilnare : il lui disoit sans détour que sa soumission aux volontés de sa mère et ses égards pour des engagemens formels le forçoient à renoncer à l'espérance d'être jamais à Mlle Varthon. Cela étoit poli, mais dur, c'est-à-dire positif. En finissant de lire, je jetai les yeux sur ma hautaine rivale : elle paroissoit humiliée ; peu s'en fallut qu'elle ne me fît pitié ; mais l'amour offensé est un tigre, il ne pardonne point, et le meilleur cœur du monde ne sert à rien dans ces occasions.

« Eh bien, Mademoiselle, lui dis-je froidement, qu'est-ce qui vous fâche contre Mme de Miran, ou contre moi? Ni elle ni celle qu'elle honore de ses bontés ne peuvent répondre des événemens ; c'est bien assez, je crois, de ne se mêler de rien : le cœur de M. de Valville va et vient ; que voulez-vous qu'on y fasse? ce n'est la faute de personne. Tâchez de le fixer ; c'est votre affaire ; on ne vous le dispute point, je vous assure. » Et ce que je dis là, je le disois d'un ton imposant, d'un petit air de triomphe qui signifioit : « Ce cœur me reviendra quand je voudrai ; faites vos efforts ; moi, sans bouger, je l'emporterai ; je sais ce que je dis, je suis sûre de mon fait. »

« Est-ce que je songe à fixer M. de Valville? reprit-elle avec fierté. Que m'importent ses sentimens? Me suis-je abaissée à désirer de lui en inspirer, à en prendre pour lui? Qu'ai-je à démêler avec cet homme-là? Suis-je faite pour éprouver aussi ses bizarreries?... » Et remarquez cet *aussi*, Madame. Il étoit fort impertinent, et ne m'échappa point. « C'est-à-dire, continua-t-elle, que vos petites finesses l'ont ramené. A la bonne heure, rien ne m'est plus égal assurément ; mais est-il besoin que vous me compromettiez dans vos querelles ou dans vos raccommodemens? Est-ce vous qui avez dicté ce billet? M. de Valville ne peut-il épouser Marianne sans insulter une fille de qualité? Il est plaisant, très plaisant, en vérité, que je sois dans vos caquets; je pensois... — Eh! non, Mademoiselle, non, interrompis-je, cela n'est pas si plaisant que vous le dites; mais, après tout, je n'ai que faire de vos réflexions; est-ce moi qui vous insulte? Cela est joli, en vérité, vous m'enlevez mon amant, je vous le laisse, et vous venez encore me quereller! On n'y comprend rien. Il m'a quittée pour vous, vous l'avez trouvé bon, son procédé vous a paru excusable, vous me l'avez dit; je ne vous ai point reproché les *petites finesses* que vous avez dû employer avec vous-même pour vous persuader que Valville n'étoit point blâmable : souvenez-vous de cela, Mademoiselle. »

Nous en étions là quand une converse vint me dire que le fils de Mme de Miran m'attendoit au parloir, et me supplioit de descendre à l'instant. La présence de ma rivale me donna une force dont je ne me croyois pas capable. « Ayez la bonté de dire à M. de Valville que je ne puis ni ne veux lui parler; j'ai envoyé sa lettre à Mme de Miran. Ajoutez cela, et faites-lui bien entendre qu'absolument je ne le verrai point sans sa mère; c'est un parti pris, décidé, les instances seroient inutiles. » Et, me tournant vers Mlle Varthon : « Vous le voyez, lui dis-je, j'ai renoncé à M. de Valville, je ne cours point après un volage : au contraire, il revient, je refuse de le voir, de l'entendre; j'ai du cœur, des principes, de l'honneur, des sentimens qui ne varient point. Que me demandez-vous donc? S'il change une seconde fois, s'il vous laisse à votre tour, tant pis pour vous, ce n'est pas à moi que vous devez vous en prendre; cela ne me regarde pas, et je puis dire comme vous : *Je n'ai que faire dans vos caquets.*

— Il me laisse, lui? s'écria Mlle Varthon. Quelqu'un me laisseroit? Que veut donc dire cette petite fille? » Pour le coup, je me sentis révoltée. Le nom de petite fille m'irrita. « Sortez, Mademoiselle, au nom de Dieu, sortez, lui dis-je; cette *petite fille* a plus d'élévation que vous; vous rougirez un jour de l'avoir insultée; je ne vous ai point fait de scène, moi : vous êtes venue me percer le cœur, me faire inhumainement l'énumération de mes malheurs; je suis pauvre, dénuée de tout, je le sais, je l'avoue; vous, Mademoiselle, vous êtes l'heureuse fille d'une tendre mère; vous avez un rang, du bien : je ne suis rien, nous en sommes convenues, cela est dit, à quoi bon le répéter? Mais, dans mon triste sort, j'ai une consolation; ni vous ni personne ne peut me la ravir : c'est que mes sentimens me mettront toujours au-dessus de mon état, au-dessus de ceux qui s'enorgueillissent de leur fortune, au-dessus de vous, Mademoiselle. Vous m'avez pris le seul bien qui m'étoit cher; malgré cela, je ne vous ai pas nui;

j'avois pourtant la facilité de le faire. Mme de Miran m'aime, vous le savez ; eh bien, c'est à ma prière qu'elle a consenti à l'amour de Valville pour vous. On vous sert, et vous vous plaignez ! Si vous éprouvez à présent l'inconstance de Valville, vous deviez vous y attendre. Celui qui change pour nous nous apprend qu'il peut changer. Voilà ce qu'il falloit penser, Mademoiselle, au lieu de chercher des raisons dans ma misère pour excuser un infidèle. »

Elle avoit voulu m'interrompre, parler, se défendre, m'injurier peut-être ; mais j'étois si émue, je m'exprimois avec tant de volubilité, que, si mes larmes ne s'étoient ouvert un passage, je n'aurois pas fini, je crois.

« J'éprouve l'inconstance de Valville ! moi ! moi ! répéta-t-elle d'un ton mal assuré qui disoit tout bas : « Je conviens de la justesse de vos ac-« cusations. » Moi ! dit-elle encore, j'ai besoin que l'on sollicite une mère de permettre à son fils de songer à moi ! Il est des filles difficiles à marier, on leur fait grâce en leur donnant un époux ; il en est d'autres qui font grâce elles-mêmes en se donnant, entendez-vous, Marianne ? Elles sont faites pour être recherchées, priées ; oui, on prie pour les obtenir.

— Oh ! tâchez donc de vous faire prier, Mademoiselle, repris-je ; qui vous en empêche ? Donnez cette leçon à M. de Valville ; par son billet à Mme de Kilnare, je vois qu'elle lui seroit plus utile qu'à moi : il ne me paroît pas qu'il songe à vous *prier*, et vous ne ferez point mal de lui apprendre son devoir à cet égard.

— Assurément, s'écria Mlle Varthon outrée de la remarque, cette petite fille-là est folle. Jamais audace n'égala la sienne. Quel ton! quelle hauteur! quelle fausse dignité! Où prend-elle ces airs? C'est avec ce petit tour d'esprit romanesque et emphatique qu'elle a séduit un jeune imbécile, une bonne femme qui n'a pas le sens commun, qui la regarde comme un prodige...

— Finissez, Mademoiselle, finissez, interrompis-je, prête à suffoquer de colère, n'insultez pas Mme de Miran, je ne le souffrirai pas ; non, pour le monde entier, je ne supporterois pas un discours offensant pour elle.

— Eh! mais, dit Mlle Varthon d'un ton dédaigneux, je vous approuve; vous lui devez infiniment; sans sa foiblesse pour vous, vous ne tiendriez pas un langage si hardi; vous ne manqueriez pas de respect à des personnes faites pour en inspirer, même vous n'auriez jamais eu l'honneur d'avoir rien à démêler avec elles.

— Peut-être que si, Mademoiselle, lui dis-je en pleurant de toute ma force; peut-être que si; vous étiez destinée à me chagriner, le hasard m'auroit présentée à votre vue; je ne pouvois éviter le malheur de vous rencontrer, d'essuyer votre mauvaise humeur, de souffrir de vos caprices ; votre pitié étoit assez choquante, vous prenez la peine d'y ajouter des injures. Mais cela finira-t-il? avez-vous entrepris de me faire mourir de chagrin? Quand je vous cède tout, faut-il que vous me tourmentiez encore? Oui, c'est aux bontés de Mme de Miran que je dois l'honneur d'être vis-à-vis de vous, Mademoiselle, de vous voir, de vous parler. Une autre vous diroit qu'elle s'en seroit bien passée, moi, je me tais; mais daignez m'apprendre, je vous prie, quel droit vous avez de blâmer ma protectrice. Vous la traitez de bonne femme! Désirez, Mademoiselle, désirez de ne jamais mériter une autre épithète de ceux qui parleront de vous avec le dessein d'en dire du mal. Comment vous croyez-vous permis de mortifier une jeune infortunée qui ne vous a jamais offensée? Cela est étrange! Vous troublez tout le monde, et donnez le tort aux autres. Que me demandez-vous? De quoi s'agit-il? Où en sommes-nous? »

Mlle Varthon ne répondit rien; je continuai. « Si c'est le bien, la naissance, l'avantage de se connoître qui rendent si injuste, je bénis le Ciel de ne rien posséder, d'ignorer qui je suis, de ne me croire rien; j'aime mieux être une créature isolée dans le monde, y devant tout à la bonté des autres, que de faire des malheureux, seulement parce que je pourrois m'élever impunément contre eux; l'humanité, la sensibilité de cœur, sont le partage du pauvre, de l'honnête pauvre; avec cela il existe en paix; il souffre, mais il éprouve de la consolation toutes les fois qu'il se recueille en lui-même : je ne vous envie point, Mademoiselle ; bien loin de vous envier, je ne voudrois pas de votre fortune avec votre façon de penser. »

Mlle Varthon s'étoit levée ; sa réponse n'eût pas été douce, ma réplique encore moins, si ma tendre amie, mon aimable religieuse, ne fût entrée. Sa présence nous rendit muettes toutes deux ; elle nous avoit écoutées, et les regards qu'elle jetoit sur ma rivale me firent connoître qu'elle désapprouvoit sa conduite. « Eh fi ! Mademoiselle, lui dit-elle d'un ton posé, mais supérieur, eh fi ! quels discours ! Qu'osez-vous reprocher à votre compagne ? De quoi venez-vous vous glorifier à ses yeux ? D'un peu de fortune, de quelques foibles avantages que vous ne vous êtes point procurés à vous-même ? En les prisant trop, vous semblez avouer que vous seriez moins estimable en les perdant, que vous ne mettriez rien à leur place, si le hasard vous en privoit. Apprenez, Mademoiselle, que la hauteur avilit, attire le mépris et éloigne le respect ; celui qui prétend à des égards avertit qu'il en désire, et n'en mérite pas. »

Mlle Varthon ne parut pas fort sensible à cette espèce de réprimande, et, sans y répondre, elle se tourna vers moi.

« Marianne, dit-elle, j'étois venue vous dire d'avertir Mme de Miran que je me tiens très offensée des idées de son fils : quand ma mère voudra me marier, elle choisira pour moi, et je doute fort qu'elle accorde aucune préférence à M. de Valville; priez ces gens-là de ma part de m'oublier, de ne pas se souvenir qu'ils m'ont vue, entendez-vous, Marianne?

— J'entends, Mademoiselle, j'entends, lui dis-je; mais rien ne m'engage à me charger de vos commissions, et vous pouvez les faire vous-même. »

Elle jeta sur moi un regard où elle ne vouloit mettre que du dédain, mais où le dépit et la fureur éclatoient malgré ses efforts; elle fit une révérence à la religieuse, et sortit brusquement, sans même s'incliner en passant devant moi.

Dès qu'elle fut partie, je respirai et me trouvai délivrée d'une peine pour retomber dans une autre. Valville étoit venu, reparti; où me conduiroit la démarche hardie de le renvoyer? Je demandai conseil à mon amie, elle m'en donna un bon. Mais, avant d'entrer dans la partie la plus intéressante de ma vie, permettez-moi de me reposer un peu. En vérité, Marquise, la foule d'événemens que j'ai à vous présenter m'effraye; comment ferai-je pour raconter tout cela? Il faut que j'y rêve, adieu.

NOTICE BIBLIOGRAPHIQUE

Nous avons le devoir, après avoir publié le roman de *Marianne*, laissé par Marivaux inachevé, et la *Suite* de Mme Riccoboni, qui ne l'achève pas davantage, tout en rendant possible moralement un dénouement prévu et facile à deviner, de fournir au public les explications auxquelles il a droit sur le texte que nous avons choisi et les motifs qui ont déterminé ce choix.

Nous devions au lecteur le texte le plus authentique, le plus pur, le plus correct. Ce soin fait partie de ce qu'on peut appeler la probité littéraire de l'éditeur. Notre règle, en général, dont l'expérience a confirmé la sagesse, c'est de donner le texte de la dernière édition publiée du vivant de l'auteur. Lorsqu'il a présidé lui-même à la publication de ses *Œuvres complètes*, c'est le texte de cette édition définitive qui a naturellement nos préférences. Dans l'espèce, Marivaux n'a présidé à la publication d'aucune des trois éditions de ses *Œuvres complètes*. La première est celle de 1765, et elle est postérieure de deux ans à sa mort (1763).

Nous avons donc mis en application notre seconde règle, qui est de choisir le texte de l'édition originale, lorsqu'il n'a été modifié dans aucune des éditions subséquentes.

C'était ici le cas; et c'est ainsi que nous avons été conduits à publier *Marianne* d'après l'édition originale, publiée par parties qui se succèdent de 1731 à 1741. La douzième et dernière partie, sur laquelle nous nous expliquerons tout à l'heure, est de 1745.

Cette confrontation minutieuse du texte de l'édition originale de *Marianne* avec celui des éditions publiées de notre temps avait son utilité, sa nécessité même, et n'a pas laissé de justifier notre recours aux sources, en nous faisant constater et corriger plus d'une altération provenant de négligences ou de scrupules que nous ne saurions partager. Nous n'avons pas et nous ne saurions avoir la prétention de corriger, d'améliorer, de moderniser Marivaux. Son style est bien à lui, tel qu'il est, avec ses qualités et ses défauts, et nous nous sommes fait conscience d'y toucher. Ces retouches, qu'inspire parfois et que prétend excuser un zèle pieux, sont à nos yeux impies. Elles portent atteinte à l'originalité de l'écrivain, non moins respectable que sa mémoire.

Ainsi que nous venons de le dire, *Marianne* a été publiée par fragments, par parties, durant une période de dix ans. C'était l'usage au XVIIIe siècle. Tous les grands romans du temps sont publiés de cette façon, par tranches en quelque sorte, et cette périodicité de la publication des romans avait sans doute pour motif le désir de compenser leur longueur, et la crainte de fatiguer l'attention du lecteur en lui servant à la fois des aliments trop copieux.

Gil Blas ne fut complet qu'au bout de vingt ans. Les premiers volumes parurent en 1715 ; la dernière partie est de 1735. De même la publication de *Marianne*, commencée en 1731, ne fut terminée qu'en 1741. Si cette habitude de publier partiellement les romans avait ses avantages, elle avait aussi ses inconvénients. Le principal de tous est que souvent l'œuvre ainsi publiée par intermittences demeurait si longtemps en suspens que l'auteur, pour un motif ou l'autre, se dégoûtait, se décourageait, et ne l'achevait pas. Crébillon fils laisse son lecteur le bec dans l'eau au beau milieu de son roman des *Égarements de l'esprit et du cœur*. Marivaux a écrit deux romans et n'en a fini aucun. La douzième partie de *Marianne* n'est pas de lui, non plus que les trois dernières parties du *Paysan parvenu*.

Marianne ne fut donc pas achevée par Marivaux. Ce n'est pas que le temps lui ait manqué pour cela, car il vécut encore vingt-deux ans depuis la publication de la onzième partie en 1741. Cependant, comme d'un côté il est dans la nature de tous les ouvrages originaux d'attirer, de provoquer le pastiche, et comme, de l'autre, l'absence de dénouement menaçait de nuire à la vente, il était impossible que quelque écrivain ou quelque libraire ne fût pas tenté de l'envie de terminer le roman que Marivaux laissait inachevé, et de satisfaire la curiosité du lecteur demeurée incertaine sur le sort final de Marianne et de son amie la religieuse, Mlle de Tervire.

C'est cette double aventure ou mésaventure qui arriva à Marivaux. Il ne s'en fâcha point, et la prit en homme d'esprit. Il récompensa même de son approbation, au moins implicite, le tour de force accompli, la gageure gagnée par Mme Riccoboni, auteur d'une *Suite* de *Marianne,* et il s'abstint de punir autrement que par son silence, — car il n'a jamais protesté, — l'auteur, qu'un pudique anonyme rendait d'ailleurs inviolable, d'une *Fin* publiée en 1745, et due à la plume mercenaire d'un de ces folliculaires besoigneux qui végétaient en Hollande, aux gages de libraires d'aventure et de contrebande peu scrupuleux sur les moyens d'achalander leur officine.

Avant d'aller plus loin, en ce qui touche cette *Suite* et cette *Fin*, trop souvent confondues jusqu'ici dans une approbation ou une réprobation également injustes, car le même traitement ne convient point à deux œuvres d'une valeur fort inégale, donnons le signalement bibliographique de l'édition originale, dont nous avons suivi le texte. Cette édition originale n'est autre chose que le recueil des *parties* de *Marianne* successivement publiées, jusques et y compris la onzième. Elle est intitulée : La *Vie de Marianne ou les Avantures* (sic) *de Madame la comtesse de ******, par Monsieur de Marivaux. *Première partie*. Chez Prault père, quay de Gèvres, au Paradis An MDCCXXXI. L'approbation, signée *Saurin*, est du 28 avril 1728 ; le privilège du Roi, du 19 juillet 1731.

La seconde partie est de 1734, toujours publiée chez Prault père.

La troisième partie porte l'adresse de Prault fils, quay de

Conty, vis-à-vis la descente du Pont-Neuf, à la Charité, et la date de 1735. La quatrième partie est de 1736; la cinquième et la sixième, de la même année; la septième partie porte le millésime de 1737. La huitième partie porte la mention : A La Haye, chez Gosse et Néaulme, 1737. La neuvième partie indique la date de 1741, sans nom d'imprimeur ni de libraire, de même que la dixième partie. La onzième partie porte : A La Haye, chez Jean Néaulme, 1741.

Reste la douzième et dernière partie, qui n'est point de Marivaux et comprend quatre-vingt-onze pages d'un caractère différent de celui des onze premières parties. Pas de nom d'imprimeur ni d'éditeur; mais, sur la couverture, le nom de M. de Marivaux, pavillon usurpé, couvre la marchandise qui ne sort point de sa main.

Cette douzième partie apocryphe est, comme nous l'avons dit, l'œuvre d'un écrivain sans talent et sans conscience, qui bâcle, à l'usage du lecteur pressé d'en finir, un dénouement hâtif et banal, dont l'unique but est d'amener, tant bien que mal, le mariage de Marianne résignée avec Valville fatigué, plus que repentant, d'expliquer son infidélité à cette Mlle Varthon qui l'avait rendu infidèle; de justifier l'un et l'autre, au moins pour les préjugés et les convenances du monde, en rendant un nom aristocratique à Marianne, reconnue pour être la petite-fille d'un grand seigneur d'outre-Manche; enfin de replonger à jamais l'infortunée Tervire dans la tombe du cloître, où elle est ensevelie vivante, comme tant d'autres filles aimables et malheureuses de son temps.

Cette fin débute en ces termes, que nous reproduisons, afin que désormais elle ne donne plus lieu à des méprises qui l'ont fait prendre et donner, même par des éditeurs avisés comme Édouard Fournier, comme étant l'œuvre de Mme Riccoboni :

« Voici, Madame, la dernière partie de ma vie. Quel effort, direz-vous, après quatre ans de silence! Oh! tant qu'il vous plaira; il s'agit de la conclusion de mon histoire et de celle de mon aimable religieuse, dont les malheurs m'avaient si vivement touchée. Est-ce donc si peu de chose, et pouviez-vous de bonne foi me demander moins de temps pour terminer son histoire et la mienne? »

La *Suite* de Mme Riccoboni, œuvre autrement littéraire, autrement distinguée comme observation des caractères, analyse des passions et style, commence ainsi qu'il suit :

« Vous voilà bien surprise, bien étonnée, Madame; je vois d'ici la mine que vous faites. Je m'y attendais; vous cherchez, vous hésitez, il me semble vous entendre dire : Cette écriture est bien la sienne, mais cela ne se peut pas, la chose est impossible ! — Pardonnez-moi, Madame, c'est elle, c'est Marianne, oui, Marianne elle-même. — Quoi ! cette Marianne si fameuse, si connue, si chérie, si désirée, que tout Paris croit morte et enterrée? Eh ! ma chère enfant, d'où sortez-vous? Vous êtes oubliée, on ne songe plus à vous; le public, las d'attendre, vous a mise au rang des choses perdues sans retour. »

Il est facile maintenant de distinguer à première vue la *Fin de Marianne* par M. X..., que les éditeurs de Marivaux ont donnée jusqu'à ce jour, soit comme étant de Marivaux lui-même, soit comme étant de Mme Riccoboni, — les éditeurs de 1781 implicitement, par leur silence, l'éditeur de 1826-1830 (Duviquet) formellement, expressément — il est facile de distinguer, dis-je, cette *Fin* de la *Suite* par Mme Riccoboni, jeu d'esprit auquel donnèrent lieu les circonstances suivantes.

Un auteur que nous allons nommer tout à l'heure raconte que Saint-Foix, auteur d'*Essais sur Paris* et de quelques comédies mignardes, *l'Oracle, les Grâces*, soutenait un jour que le style de Marivaux était inimitable. On lui cita un roman de Crébillon fils dans lequel un des personnages, la fée Moustache, s'amuse à parodier ce style; Saint-Foix soutint que cette imitation était très mal réussie.

« Il s'emporta, traita la fée de *bavarde, disant une foule de mots et ne saisissant pas du tout l'esprit de M. de Marivaux*. Mme Riccoboni écoutait, se taisait et ne prenait aucune part à la dispute. Restée seule, elle parcourut deux ou trois parties de *Marianne*, s'assit à son secrétaire et fit une suite à ce roman. Deux jours après la conversation, elle la montra, sans en nommer l'auteur; on la lut en présence de M. de Saint-Foix; il l'entendit avec tant de surprise qu'il crut le manuscrit dérobé à M. de Marivaux. Il voulait le faire imprimer;

Mme Riccoboni s'y opposa, dans la crainte de désobliger M. de Marivaux. Dix ans après, cette suite parut dans un journal dont le rédacteur eut la permission de M. de Marivaux pour l'y insérer [1]. »

Voilà, sinon de la main, du moins d'après les confidences et sous la dictée, pour ainsi dire, de Mme Riccoboni, l'histoire exacte de cette *Suite* au roman de Marivaux, qui ne devait pas être une *Fin* : car une des conditions que s'était imposées l'imitatrice, c'était de ne pas faire avancer le récit. Elle y réussit à merveille, à ce point que Grimm dit dans sa *Correspondance* :

« C'est une imitation parfaite de la manière de Marivaux, mais d'un bien meilleur goût. Si vous avez vu Arlequin courir la poste dans je ne sais quelle farce, vous aurez une idée très exacte de cette manière qui consiste à se donner un mouvement prodigieux sans avancer d'un pas. Mme Riccoboni court en poste à la Marivaux pendant cent douze pages, et, à la fin de sa course, le roman de *Marianne* est aussi avancé qu'auparavant. Mais, en vérité, sa manière d'écrire, même en se réglant sur un mauvais modèle, est très supérieure à celle de Marivaux [2]. »

Ni Grimm ni Diderot n'aimaient Marivaux, ce qui explique l'hyperbole des éloges accordés à Mme Riccoboni avec une libéralité qui dépasse la mesure et le but : car on sent bien qu'on ne loue quelqu'un avec cette affectation qu'au détriment d'un autre. C'est un des procédés à l'usage de la critique malveillante. Un juge plus impartial, d'Alembert, a rendu justice au mérite et au bonheur du pastiche de Mme Riccoboni, sans offense pour la justice et le goût. Il a recommandé de ne pas confondre avec les mauvais continuateurs de Marivaux « Mme Riccoboni, qui, par une espèce de plaisanterie et de gageure, a essayé de continuer *Marianne* en

---

1. Œuvres de Mme Riccoboni, in-18, 1826, t. II.
2. *Correspondance littéraire*, 1er mai 1765.

imitant le style de l'auteur ». « On ne saurait, dit-il, pousser plus loin l'imitation. » Là est la vérité. Elle suffit pour justifier notre détermination d'imprimer cette *Suite* de *Marianne*, reconnue par tous les contemporains et par Marivaux lui-même, qui la loua sans effort, un excellent morceau, bien qu'elle laisse l'action, au moins extérieure, au point où Marivaux l'avait conduite. Mais voici où l'on distingue une romancière habile dans la connaissance du cœur humain et de ses plus secrets replis, et aussi où l'on trouve la supériorité littéraire et morale de Mme Riccoboni sur tous ses émules dans cette entreprise d'achever *Marianne* à laquelle Marivaux avait renoncé, parce qu'il lui semblait impossible de s'en tirer dignement : si la *Suite* de Mme Riccoboni ne fait pas avancer le drame extérieur, elle achève le drame intérieur par cette scène, absolument digne de Marivaux, qui est un petit chef-d'œuvre de finesse et de malice.

C'est la scène de coquetterie où Marianne reconquiert, en feignant l'indifférence, l'infidèle Valville, qui venait pour achever de se dégager, pour donner congé, et qui s'humilie, et qui s'indigne de recevoir le sien, et qui sort vaincu de cette entrevue d'où il comptait sortir victorieux, tant il est vrai qu'on s'attache plus par la crainte de perdre que par le plaisir de gagner au jeu de l'amour comme aux autres, et que, par l'indifférence qui provoque la jalousie, il est plus facile de garder son empire que par la sincérité et l'abandon qui le compromettent. Il fallait être femme pour bien décrire ce manège presque toujours triomphant de la finesse féminine, ce stratagème toujours heureux de la tactique galante, qui consiste à se disputer pour faire sentir son prix, à ne se rendre qu'à un vainqueur à genoux. C'est ce qui arrivera infailliblement. Il n'est pas besoin d'être bien expert dans les secrets de cette escrime morale pour deviner que Valville, excité par l'obstacle, s'acharnera à réparer ses torts, plus apparents d'ailleurs que réels, en conduisant à l'autel cette Marianne qui se révolte, au lieu de laisser s'ensevelir dans le cloître une Marianne qui se fût résignée.

Ce mérite de la *Suite* de Mme Riccoboni, qui ne dénoue pas matériellement *Marianne*, mais qui la dénoue moralement, c'est-à-dire rend possible, probable, inévitable même, la conclusion logique et souhaitée, c'est-à-dire le mariage final, a été très bien senti et très bien exprimé par un écrivain qui a consacré à Marivaux une étude critique des plus remarquables, et où, sur bien des points, sont formulés des jugements définitifs. C'est lui qui a le premier mis en lumière la valeur psychologique et littéraire de la *Suite* de Mme Riccoboni[1]; c'est lui qui l'a exhumée enfin des catacombes où elle était ensevelie : car ne peut-on pas donner ce nom aux recueils périodiques et même aux recueils d'*œuvres complètes* du dernier siècle ? Un siècle ! c'est bien des tours de la roue de la Fortune, pour les morts comme pour les vivants, pour les mémoires comme pour les réputations. Par un subit retour de justice, les unes montent et les autres descendent ; les unes s'effacent dans la nuit, les autres surgissent de nouveau à la lumière. Qui connaît, qui lit aujourd'hui Mme Riccoboni, sur laquelle nous appelons une première fois l'attention en imprimant sa *Suite à Marianne?* Elle mérite pourtant d'être lue, elle gagne à être connue, et nous nous réservons de le prouver avant peu aux lecteurs de la *Bibliothèque des Dames*. Ce qu'ils ne doivent point regretter, par exemple, c'est de ne pas lire la *Fin de Marianne* par ce folliculaire de Hollande. Voici comment notre auteur, M. Jean Fleury, la juge dans le livre auquel nous avons emprunté tant d'indications utiles et de renseignements décisifs [2]

« L'autre continuateur, l'auteur de la *Fin*, a recouru, pour

---

1. Cette *Suite* parut la première fois, en partie seulement, dans un recueil intitulé : *Le Monde comme il est*, par l'auteur du *Nouveau Spectateur* (Bastide), 4 vol. in-12, 1760-1761. La seconde moitié parut, pour la première fois, dans un volume de nouvelles de Mme Riccoboni.

2. *Marivaux et le Marivaudage*, suivi d'une comédie, de la *Suite de Marianne*, par Mme Riccoboni, et de divers morceaux dramatiques qui n'ont jamais paru dans les œuvres de Marivaux, par Jean Fleury, lecteur en langue française à l'Université impériale de Saint-Pétersbourg. Paris, E. Plon et Ce, imprimeurs-éditeurs, in-8°, p. 192 à 202.

ramener Valville à Marianne, à des causes intrinsèques, que non seulement Marivaux n'aurait pas avouées, mais qui l'auraient profondément choqué. Valville et Mlle Varthon projettent d'aller se marier en Angleterre; ce projet échoue, non par une révolution dans leur volonté, mais par une intervention supérieure, par un ordre de la police qui renferme Valville à la Bastille, et c'est sous l'influence de cette captivité qu'il revient à Marianne, ce qui est peu flatteur pour elle et peu honorable pour lui. Le secret de l'origine de Marianne aurait pu, aurait dû résulter de quelque combinaison dramatique; il est découvert de la manière la plus plate et la plus vulgaire. Un personnage qu'on a nommé à peine fait un voyage en France, et, d'après les renseignements qu'on lui donne en chemin, reconnaît Marianne pour un membre de sa famille. Dans toute cette deuxième partie, dès qu'il y a une scène intéressante à faire, les personnages tombent en syncope. Marianne, pour sa part, tombe deux fois dans une léthargie dont on a grand'peine à la tirer. Quand les personnages ne sont pas en syncope, ils sont malades. C'est un véritable hôpital. Le style n'est pas meilleur que l'invention. »

On le voit, nos lecteurs trouveront un véritable plaisir, un vrai régal de goût auquel rien ne manquera, pas même la surprise de la nouveauté, à savourer cet ingénieux et heureux pastiche de Mme Riccoboni, qui est donné ici pour la première fois à la suite de la *Vie de Marianne*; mais aucun d'eux ne doit regretter d'ignorer cette *Fin*, qui ne doit pas dépasser les honneurs de l'antichambre, d'un valet littéraire qui a voulu singer le maître et n'a pas mérité d'entrer au salon.

M. DE LESCURE.

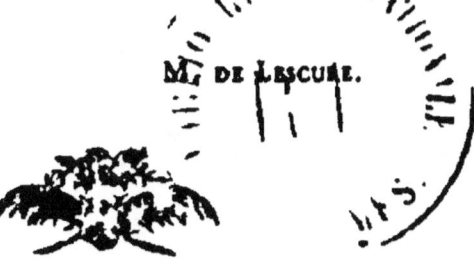

Imprimé par D. Jouaust

POUR LA

BIBLIOTHÈQUE DES DAMES

NOVEMBRE 1882

www.ingramcontent.com/pod-product-compliance
Lightning Source LLC
Chambersburg PA
CBHW070823170426
43200CB00007B/886